Angela

Walb

Haysche
Trenn-Kost

Die Haysche Trenn-Kost

Nach Dr. Hay und Dr. Walb

Von Dr. med. Ludwig Walb

Mit vielen erprobten Rezepten von Ilse Walb

Mit einer zweifarbigen Nahrungsmitteltabelle und 14 Abbildungen

40. Auflage

HAUG

Karl F. Haug Verlag · Heidelberg

CIP-Titelaufnahme der Deutschen Bibliothek

Walb, Ludwig:
Die Haysche Trenn-Kost : nach Dr. Hay u. Dr. Walb / von Ludwig Walb. Mit vielen erprobten Rezepten von Ilse Walb. — 40. Aufl. — Heidelberg: Haug, 1988
ISBN 3-7760-1088-6

17. Auflage 1967 bis 38. Auflage 1986. Karl F. Haug Verlag GmbH & Co., Heidelberg

39. Auflage 1987
40. Auflage 1988
Verlags-Nr. 88109 · Titel-Nr. 2088 · ISBN 3-7760-1088-6
Gesamtherstellung: Progressdruck GmbH, Speyer
Von diesem Buch sind folgende fremdsprachigen Ausgaben erschienen: Dänisch (1981), Englisch (1983), Französisch (1982), Italienisch (1981), Portugiesisch (1983).

Trenn-Kost
ist im Gegensatz zu allen
Ernährungsformen eine

Trennung
von Eiweiß und Kohlenhydraten
innerhalb einer Mahlzeit,
jeweils ergänzt
durch einen großen Anteil von
Salaten und Gemüsen oder Rohkost
zu jeder Mahlzeit.

Bedenkt man, daß nach Holtmeier
heute über 1/3 der Bevölkerung
an Erkrankungen stirbt,
die von der Ernährung beeinflußt werden,
dann versteht man auch,
daß sie reformbedürftig sein muß!

Inhalt

Diabeteskost
Anhang für Diabetiker

Geleitwort

Es gibt eine Vielzahl von Gründen für den Verlag und seinen Verleger, dieser Ausgabe ein eigenes Geleitwort mit auf den Weg zu geben.

Der wichtigste ist, eine Dankesschuld gegenüber den Autoren Dr. Ludwig *Walb* und Ilse *Walb* abzutragen und dieses zugleich im Namen aller derjenigen, die aus dem Leserkreis ihres Buches Gewinn für die eigene Gesundheit gezogen haben. Denn seitdem im Jahre 1956 die erste Auflage der „Hayschen Trenn-Kost" erschien, sind in über einer Million Exemplaren, die in nahezu allen Weltsprachen verbreitet wurden, die Ratschläge des Autorenpaares dankbar aufgenommen worden.

Zahlreiche Medien – und leider auch einige Nachahmer – haben sich des Themas „Trenn-Kost" bemächtigt und somit auf ihre unzulängliche Weise dazu beigetragen, den von Dr. *Hay* und Dr. *Walb* formulierten Grundgedanken einer sinnvollen Ernährung zu verbreiten. Wenn sich die Autoren mit der vorliegenden 40. Auflage ihres Buches von ihren Lesern verabschieden, so ist diese Ausgabe zugleich auch ein Abschiedsgeschenk, das sie sich selbst und uns allen machen.

Mit der Aufgabe der Autorenschaft – natürlich nicht der Urheberschaft (!) – zieht sich Dr. *Walb* zugleich auch von seiner klinischen Tätigkeit zurück. Seine Frau und er haben aber hier ebenso wie bei der Nachfolge in der Bearbeitung künftiger Auflagen für eine vorbildliche Kontinuität gesorgt. Der neue Chefarzt der „Klinik am Hohen Berg", Dr. *Heintze,* wird zugleich auch die Bearbeitung künftiger Ausgaben übernehmen.

So stellt die vorliegende 40. Auflage der „Hayschen Trenn-Kost" denn auch keine Zäsur oder den Schlußpunkt einer bestimmten Entwicklung dar, sondern vielmehr deren Höhepunkt, von dem aus es ebenso berechtigt ist zurückzuschauen wie in die Zukunft zu blicken. Es wird eine Zukunft sein, in der die Trenn-Kost als ernährungstherapeutische Methode ebenso Bestand haben wird wie das Buch selbst.

Heidelberg, im Winter 1988 Dr. Ewald *Fischer*

Feststellung der Deutschen Gesellschaft
für Ernährung:
Jeder 25. Bundesbürger braucht jetzt schon
Diät.
Ist diese Feststellung nicht auch geeignet,
jeden Bundesbürger zum Nachdenken
anzuregen?

Einleitung

Es gibt z. Z. fast für jede innere Erkrankung eine Diät, für jedes Organ eine andere. Meist verbieten diese Diäten so viel, daß kaum jemand in der Lage ist, sie lange Zeit durchzuführen, es sei denn, daß davon wirklich sein Leben abhängt. An dieser Stelle nur eine kleine Auslese:

1. Diät bei Krankheiten des Magens und Zwölffingerdarms
2. Diät bei Herzkrankheiten und Kreislaufstörungen
3. Diät bei Erkrankungen der Niere und der Harnwege
4. Diät mit roher und vegetarischer Kost
5. Diät für Gichtkranke
6. Diät bei Zuckerkrankheit
7. Diät bei Erkrankungen der Leber und Gallenblase
8. Diät für den Säugling und das Kleinkind in gesunden und kranken Tagen
9. Diät bei Fettsucht
10. Diät für Fieberkranke und Genesende (Schonkost)
11. Diät bei Darmkrankheiten
12. Diät bei Rheumatismus, Migräne und einigen anderen Krankheiten
13. Diät bei Asthma bronchiale und Lungenemphysem

Man kann diese Liste beliebig verlängern, von den Diäten zum Schlankwerden und von vielen anderen „Zweckdiäten" ganz zu schweigen (zum Beispiel Hollywoodkur).

Wir kennen auch Krankheitsformen, die medikamentös schwer oder gar nicht zu beeinflussen sind, sich aber bessern und heilen, wenn man dem Körper eine Nahrung zuführt, die der Chemie des Körpers entspricht.

Es sind neue Erkenntnisse, die diese Behauptung stützen, und sie sind es wert, daß man sie näher beleuchtet.

Die bisherigen Eßgewohnheiten richten sich hauptsächlich nach dem Gaumen und danach, worauf man „Lust hat". Bei Festessen ißt man noch reichlicher und „besser" als sonst. Wer oft an solchen Essen teilnehmen muß, kennt auch die Folgen. Anfangs ist es meist nur Müdigkeit oder es sind Verdauungsbeschwerden. Später kommen dann Herz- und Kreislaufkrankheiten dazu. Aufgrund der neuen Erkenntnisse kann man solche Erkrankungen aber verhüten, wenn man die Gefahr rechtzeitig erkennt.

Man braucht nichts anderes zu tun, als die chemischen Verdauungsgesetze anzuerkennen und zu beachten.

Unsere Nahrung setzt sich in der Hauptsache aus Eiweiß, Fett, Kohlehydraten, Vitaminen und Mineralien zusammen. Unsere Nahrungsmittel enthalten diese in der verschiedensten Zusammensetzung. Wenn wir aber untersuchen, zu welchem Prozentsatz sie diese enthalten, so erkennen wir, daß es Produkte gibt, wie Fleisch und Fisch, die keine Kohlehydrate enthalten, und daß die Kohlehydrate nur geringe Mengen Eiweiß enthalten, oft nur in Spuren, also reine Kohlehydrate darstellen.

Wenn wir bei unserem Essen (aus geschmacklichen Gründen) mischen, was die Natur zu mischen unterließ, so begehen wir schon damit den ersten Verstoß gegen die chemischen Verdauungsgesetze.

Vielleicht lassen sich diese Verdauungsgesetze nie ganz klären, aber die Fehler, die durch eine sinnlos zusammengestellte Nahrung entstehen, können wir alle an ihren Krankheitsbildern erkennen.

Der Mensch wächst vom Säuglingsalter an mit falschen Eßgewohnheiten auf und gewöhnt sich scheinbar an seine Kost. Die Säuglingssterblichkeit ist selbst in einem so fortschrittlichen Lande wie Amerika sehr hoch, ebenso die Kindersterblichkeit. Die Vorstufe zur Krankheit der Erwachsenen, die die „große Müdigkeit" genannt werden kann, beträgt nach HAY in Amerika einen großen Prozentsatz. Der Mensch erkrankt nicht immer gleich, aber die „große Müdigkeit" (HAY) lähmt seine Entschlußkraft und seinen Leistungswillen. Schon allein diese Tatsache schadet dem einzelnen und einem Volk mehr als manche „richtige" Erkrankung, weil sie häufiger und statistisch nicht zu erfassen ist. Wären unsere Eßgewohnheiten physiologisch, das heißt dem Körper zuträglich, so dürften Verdauungsbeschwerden und Stoffwechselkrankheiten nicht in so großem Umfang auftreten. Die zahllosen Kreislauferkrankungen wären seltener; nach statistischen Angaben sterben die meisten Menschen an Erkrankung der Kreislauforgane, dann erst folgt Krebs.

Der amerikanische Arzt Dr. Howard HAY erkrankte vor ca. 30 Jahren an einer als unheilbar geltenden Krankheit, der Brightschen Nierenerkrankung, für deren Krankheitsverlauf eine Eiweißausscheidung charakteristisch ist. Er heilte seine Erkrankung mit der Umstellung seiner Nahrung auf die „chemischen Nahrungsgesetze". Er erreichte so eine vollständige Heilung und damit

Zurückgewinnung seiner Arbeitskraft. Er erkannte, daß die Gründe, die zu einer inneren Erkrankung führen, in der Hauptsache in der falschen Zusammensetzung der Nahrung liegen.

Die im folgenden ausgeführte Nahrungszusammensetzung ist deshalb nicht als eine Diät, sondern als eine *Ernährung* anzusehen, denn sie ist zeitlebens durchzuführen. Sie ist nichts anderes als die gewohnte bisherige Kost, nur Eiweiß und Kohlehydrate (die zwei Hauptnahrungsmittel) sind getrennt, daher der Name „Trenn-Kost". Sie ist nicht nur eine *Basisernährung* für Kranke, sondern auch eine *Vorbeugung* für Gesunde. *Darin liegt ihr Hauptwert.* Jeder, dessen Leistung nicht voll auf der Höhe ist, sollte sich die Vorteile dieser neuen Ernährung klarmachen, um durch sie seine Leistungen steigern zu können und dadurch mehr Freude am Leben zu haben. Denke daran:

Nicht die Jahre, sondern die Lebens- und Ernährungsweise eines Menschen bestimmen sein Alter.

Auszug aus dem Buch von Hay

„Eine neue Gesundheitsära"*)

a) Von den Ursachen der inneren Krankheiten

Colonel Robert McCARRISON, der als englischer Militärarzt in einer abgelegenen Himalajastation Dienst zu tun hatte, hat in den 9 Jahren, die er dort verbrachte, nicht einen Fall von Blinddarmentzündung zu sehen bekommen, ebenso nicht Magen- und Darmgeschwüre, Gallensteine, Dickdarmentzündungen, Verstopfungen, Katarrhe, Verdauungsstörungen, Asthma, Gicht, Rheuma oder irgendeine andere Zivilisationskrankheit. Die Eingeborenen sind durch religiöses Dogma beim Essen auf die Bodenerzeugnisse beschränkt, mit Ausnahme von Milch und Käse, wovon sie wenig brauchen; ihre Hauptnahrung besteht aus Nüssen, Gemüsen, Früchten und Vollkornbrot. (HAY sagt nicht, daß die Eingeborenen nicht krank geworden wären, aber er sagt, wie viele andere, daß ihre Lebensgewohnheiten die Krankheiten einschränken, die durch verkehrte Eßgewohnheiten verursacht werden.)

Weiter sagt HAY: *Die einzige wahre Behandlung aller Krankheiten ist die Verhinderung ihrer Ursachen.* Diese Einsicht wird zwar nie Allgemeingut der Menschen werden, weil nicht jeder für eine geistige Einsicht bereit ist, aber viele werden sich freuen, wenn sie die Ursache ihres Völlegefühls oder ihres sonstigen schlechten Befindens kennenlernen und in der Lage sind, es zu verhindern oder zu bessern. Man braucht deshalb auf keine der wirklichen Lebensfreuden zu verzichten und besonders nicht auf Tafelfreuden, denn die Nahrung kann noch viel genußreicher sein als in renommierten Gasthäusern, wenn wir nur die Grundbegriffe der Ernährung verstehen und die rechte Wahl in rechter Zusammenstellung getroffen wird.

Die Nahrung sollte in erster Linie aufbauen, in zweiter erfreuen und schließlich mit den Gesetzen der Chemie in Einklang stehen, wie die alten Römer schon sagten: mens sana in corpore sano. Es tröstet dabei, daß wir täglich sterben und täglich neu geboren werden, Zelle für Zelle, bis aus dem ganzen alten Körper ein neuer

---

*) Dieser Auszug aus dem Originalwerk HAYs blieb unverändert, wurde aber stark gekürzt.

wird, und zwar einer, der mehr oder weniger gesund sein kann, was ganz davon abhängt, wie wir die Wiedergeburt vorbereitet haben. Vergiß nie, daß keiner für Dich verdauen kann, was Du ißt! Es kann Dich deshalb niemand so gut gesund erhalten, wie es Dein eigenes Selbst kann. Gesundheit bedeutet frei sein von leichter Ermüdbarkeit, von Krankheit, Schwermut und allen Störungen.

Wie weit ist der zivilisierte Mensch von einer völligen Gesundheit entfernt! HAY sagt dazu: Ist es nicht seltsam, daß 200 000 Säuglinge in Amerika nie das Ende des 2. Lebensjahres erreichen, daß 400 000 Kinder vor Beendigung des 10. Jahres sterben, und daß 75 % der amerikanischen Kinder mit größeren oder kleineren Leiden behaftet sind? Die Kinder in den Land- und Stadtschulen sind bis zu 75 % mehr oder weniger gesundheitlich geschädigt. Wir (die Amerikaner) sind angeblich ein begnadetes und kultiviertes Volk, reich, gebildet, fortschrittlich in Kunst und Handel, und zwar in einem solchen Ausmaß, daß wir der Welt verkünden, daß wir das erlauchteste Volk der Erde seien, und dennoch haben wir die größte Kindersterblichkeit unter allen zivilisierten Nationen der Erde, und die Sterblichkeit unserer Mütter ist größer als in irgendeinem anderen Land. Dabei kann jedes normal geborene Kind sich zu einem vollkommenen Erwachsenen entwickeln, wenn das Kind nach der Geburt richtig ernährt wird. Die Nahrung ist es, die den Zustand nach der Geburt weitgehend bestimmt und ob das Kind schon früh stirbt oder ein hohes Alter erreichen wird. Es hängen mehr Mangelerscheinungen bei Kindern von falscher Ernährung als von einer anderen Ursache ab, und zwar von: 1. Überfütterung und unmöglicher Zusammensetzung der Nahrung, 2. Zuführung von Stärke und Zucker vor der Zahnentwicklung. Diese bringen die Nahrung aus dem Gleichgewicht und verursachen sowohl Überfluß- als auch Mangelerscheinungen. Die Zivilisation hat die Nahrungsmittel so verändert, raffiniert, konserviert, verfälscht, daß wenig von dem natürlichen Gehalt der Nahrung übrigbleibt; so leiden wir inmitten des Überflusses oft an Mangel, hungern inmitten der Fülle.

Es bleibt unbestreitbare Tatsache, daß Krankheit nur die unvollkommenen Gewebe ergreift, und es ist Tatsache, daß Krebs nie in einem gesunden Gewebe entsteht. Dasselbe kann von anderen Krankheiten gesagt werden, denn der widerstandsfähige Körper ist weniger Infektionen ausgesetzt, wird nicht in Aufbau oder Funktion entarten. Der gesunde Körper entartet nur, wenn er mit der steigenden Flut seiner Körperrückstände, den Säureendprodukten der Verdauung und den Giften nicht mehr fertig wird. Eine bestimmte Menge dieser Säureendprodukte entsteht als Ergebnis der Zersetzung der sterbenden Zellen, deren Rückstände sauren Charakter haben.

Weitaus größere Rückstände entstehen durch den zu großen Eiweißverbrauch. Der Durchschnittsamerikaner verbraucht täglich 10mal so viel Eiweiß, wie zum Wiederaufbau gebraucht wird. Das Eiweiß ist ein zu schlechter Brennstoff, um Kraft daraus zu ziehen, und es ist in jeder Hinsicht kostspielig. Essen wir nun mehr Eiweiß, als wir brauchen, was wird dann aus dem unverbrauchten Teil? Wenn wir nicht genug körperlich tätig sind, können die Reste nicht völlig verbrennen. Die Eiweißreste bleiben halb verbrannt im Körper zurück, sammeln sich hauptsächlich als Harnsalze an und verwandeln sich in Harnsäuren, Xanthin, Hypoxanthin, Kreatin, Kreatinin u. a., alles Säuren, alles belastende Rückstände für unsere leiblichen und seelischen Funktionen. Das Übermaß an Eiweiß wirkt an erster Stelle als Ursache für frühe Erkrankung. Körperlich Arbeitende werden mit den Rückständen eher fertig als Menschen mit sitzender Lebensweise.

Eine andere Ursache unserer Krankheiten ist zweifellos der zu große Verbrauch der raffinierten und denaturierten Nahrungsmittel wie Weißmehl, weißer Zucker, raffinierte Stärke- und Zuckerformen aller Art. Das sind Säurebildner im höchsten Grade, denn ihre Verbrennung hinterläßt Kohlensäure im Blut. Doch haben ihre Rückstände keinen so schädigenden oder vergiftenden Charakter wie die Eiweißgruppe. Ihre Hauptgefahr liegt darin, daß sie nicht genug basische Elemente im Körper zurücklassen und so den Säurezustand vorbereiten.

Die dritte Ursache für frühe Erkrankungen ist die Mißachtung der Gesetze der Chemie, die die Verdauung der Nahrung regeln. Würden diese Gesetze bei der Auswahl und erst recht bei der Zusammensetzung der Nahrung befolgt, so würde der Körper in wenigen Wochen eine solche Regeneration erfahren, daß selbst die größten Skeptiker davon überzeugt würden, daß wir das sind, was wir essen.

Jeder Chemiker weiß, daß zur Stärkeverdauung zuerst der Speichel gebraucht wird. Seine Wirkung hängt aber von einem schwachen Ferment, dem Ptyalin, ab, das nur bei genügend vorhandenen Basen wirken kann. Ohne Basengrundlage gibt es keine Ptyalin-Wirkung auf Kohlehydrat-Nahrung. Ißt man also das stärkehaltige Brot oder die gekochten Kartoffeln mit sauren Früchten zusammen, dann hat man die alkalischen Vorbedingungen beseitigt, von denen das Ptyalin abhängig ist, es kann also seine Aufgabe nicht erfüllen, und die Stärke kommt unverdaut in den Magen. Da es im Magen aber kein Ferment gibt, das auf die Stärke einwirken kann, bleibt sie unverdaut und kommt so unmittelbar in den Dünndarm, wo wieder kein genügendes Mittel zu ihrer Verdauung vorhanden ist und wo sie bei Wärme und Feuchtigkeit dann gärt.

Die Verdauung der Eiweißnahrungsmittel, wie Fleisch, Fisch, Eier und Käse, hängt in erster Linie von der Wirkung des Pepsins im Magensaft ab. Da Pepsin nur bei vorhandener Säure arbeitet, so handeln wir falsch, wenn wir zu einer Eiweißmahlzeit reichlich Kohlehydrate essen, denn die Stärkemehle verlangen Basen, und die Eiweißstoffe verlangen Säuren. Der Magen kann nicht beides zur gleichen Zeit entwickeln, denn keine Flüssigkeit kann zur gleichen Zeit sauer und basisch sein, so wenig wie ein Zimmer zur gleichen Zeit hell und dunkel sein kann. Hätten wir nicht noch Alkalireserven im Körper, um die sich bildenden Säuren zu binden, so würden wir nicht lange genug leben, um unser Testament machen zu können. Die Säure ist im Körper unduldsam, und wenn sie sich bildet, müssen immer in den Zellen und Geweben freie Basen sein, damit sich die Säure binden kann, sonst erleiden wir schweren Schaden. Darum können wir sagen, daß die funktionelle Aktivität im genauen Verhältnis zu unserer Alkalireserve steht. Alles, was unsere Basenreserven erschöpft, erschöpft auch unsere funktionelle Aktivität, was, groß geschrieben, unsere *Gesundheit* bedeutet. Je weniger Säuren wir bilden, um so weniger Basen werden von der Reserve gebraucht und um so vollkommener wird unser Körper funktionieren.

Das richtige Verhältnis von säurebildender zu basenbildender Nahrung beträgt 2 zu 8, das heißt, daß nur der kleinste Teil unserer täglichen Nahrungsmittel aus Brot, Stärke, Fleisch, Eiern, Käse usw. bestehen sollte; und doch ißt man täglich umgekehrt. Die konzentrierte Nahrung überwiegt auf den meisten Tischen, zu Hause wie in den Gasthäusern, $^{4}/_{5}$ der täglichen Nahrung sollten aus basenbildenden Stoffen bestehen, aus Gemüsen, Salaten, frischen Früchten u. ä. Mit diesen kann entweder Milch oder Butter vereinigt werden, weil die Milch weder Säuren noch Basen bildet.

Aber sie verträgt sich nicht mit konzentrierten Nahrungsmitteln und sollte darum nur mit basenbildenden Salaten und Früchten genossen werden.*)

Die Gewohnheit der meisten Kinderärzte, Stärkemehlnahrung zu geben, ehe die Zähne des Säuglings alle da sind, ist eine der Hauptursachen der häufigen Gärungsdyspepsien, an denen Kinder oft leiden. Die galligen Anfälle, die Appetitlosigkeit, das saure Aufstoßen, die Hautausschläge, die Reizbarkeit, das Bettnässen sind Anzeichen frühzeitiger Bildung von Säure. So ist das heranwachsende Kind schon mit 2 Jahren völlig übersäuert.

Den Brustkindern Orangensaft zuzufüttern, ist eine weise Vorbeugung, denn nur wenige Mütter haben die nötigen Elemente in ihrer Milch, und zwar als Folge ihrer eigenen ungenügenden Eßgewohnheiten. Ziegenmilch ist sehr fett, weshalb sie zur Hälfte mit Wasser verdünnt werden muß. Sie braucht daher auch keine Zugabe von Rahm und auch keinen Milchzucker. Ziegenmilch ist deshalb vorzuziehen, weil die Ziege gewöhnlich nicht so viele Krankheiten wie die Kuh hat.

Wenn das Kind 6 Monate alt ist, kann man zerkleinertes Gemüse, zum Beispiel Spinat, Rüben, rote Rüben, Karotten, Sellerie, sogar Weißkraut, dazu geben. Das Gemüsepüree soll in kleinen Mengen gegeben werden; falls das Kind es gut verträgt, erhöht man bis zu einem oder sogar bis zu zwei Eßlöffel täglich in derselben Weise, wie man entsprechend dem Wachsen des Kindes die Milch vermehrt. Ebenso fügt man Früchte verschiedener Art hinzu, wie reife rohe Tomaten, die so gut wie Orangensaft sind. Geschälte Äpfel kann man frühzeitig geben, vielleicht so früh wie Gemüsepüree, aber Orangensaft sollte man vor allem nehmen wegen der wasserlöslichen Vitamine, die zum Wachstum und zur Entwicklung nötig sind. Mindestens ein Teelöffel voll Orangensaft oder mehr sollte dem Kinde vor jeder Fütterung verabreicht werden. Fast jeder Säugling scheint ein natürliches Bedürfnis nach dem Orangensaft zu haben.

Das Sonnenbad sollte nicht vernachlässigt werden. Man kann es täglich geben. Auch bei kaltem Wetter muß das Kleinkind, warm eingepackt, in die frische Luft und an die Sonne, um zu schlafen. Mit dem weiteren Wachsen ist alles, was für den Erwachsenen gut ist, auch für das Kind von über 2 Jahren gut, denn die Bedürfnisse sind dieselben.

*) HAY gestattet die Milch zu den konzentrierten Mahlzeiten nicht, da sie an sich schon schwer verdaulich ist.

Beginnt man als Erwachsener die Trenn-Kost, so gibt es dabei zuerst einen Gewichtsverlust, da der Körperhaushalt von den früheren Säureüberschüssen gereinigt wird. Aber das ist nur eine korrigierende Maßnahme, die der Körper durchmachen muß, ehe eine Besserung eintreten kann. Das letzte Ergebnis wird eine Gewichtszunahme bei Untergewichtigen und ein Gewichtsverlust bei Fettleibigen sein. Die Neigung des Körpers geht immer nach dem Normalen, wenn der Säureüberschuß im Körper aufgehoben und die Funktion normal wird. Das ist ja auch ein inbrünstiger Wunsch der Dünnen und der Dicken; denn beide Zustände sind Bestätigung abnormer chemischer Körperzustände. Wenn für unser Empfinden die Sonne heller scheint, die Vögel süßer singen, der Tag ohne die täglichen Störungen vergeht, die frühere Ermüdung weicht, dann sind wir auf dem richtigen Wege.

b) Von der Wirkung der Nahrung auf den Geist

Nach HAY ist das Gehirn das große Reflexzentrum, von dem alle Nerven ausstrahlen, die die Bewegungen und Empfindungen kontrollieren. Und da das Gehirn in der Versorgung mit Blut und Sauerstoff vom Körper abhängig ist, so muß es auch von dem abhängig sein, was wir essen, denn das, was wir essen, bestimmt das Blut, das wir haben. Ein mit Säure beladenes Blut ist sicher nicht imstande, funktionelle Höchstleistungen zu vollbringen. Übersäuerung kann das Gehirn so belasten, daß ein klares Denken unmöglich ist, und selbst Zustände tiefer Schlafsucht kommen gewöhnlich, wie wir oft feststellen, von chronischen Vergiftungserscheinungen. Die Kennzeichen der Schwächung des Gehirns sind langsames Denken, schlechte Urteilskraft, Gedächtnisschwäche, Mangel an Konzentrationsvermögen; und dieses letztere ist sicher eines der bezeichnendsten Merkmale. HAY weiß dies von sich und anderen, die noch in fortgeschrittenem Alter durch eine Ernährungsumstellung der angegebenen Art körperliche und geistige Frische erfuhren. Einer der frappierendsten Fälle ist der des Prof. Rob. G. JACKSON von Toronto, Ontario, der mit 49 Jahren an Schrumpfniere erkrankte. Er hatte Bluthochdruck, Arterienverkalkung, Doppelglaukom (grüner Star), Blutung in einem Augenhintergrund, wodurch er die Sehfähigkeit ganz verloren hatte, Neuritis und Arthritis, was ihn 5 Jahre zu einem Krüppel machte. Er beschritt den vorgeschriebenen Weg des Essens, was seine Gesundheit von Jahr zu Jahr besserte. Er kam mit 75 Jahren noch gut in Form, wurde muskulös und konnte jeden Tag 10 Meilen gehen, aufrecht wie ein Soldat, anstatt gebückt wie früher, und erreichte wieder vollkommene Sehfähigkeit. Die Geschichte Prof. JACKSONs, der Professor an einer Hochschule in Philadelphia war, ist deshalb besonders bemerkenswert, weil er aus einer Familie stammte, in der das älteste Mitglied nur 43 Jahre alt wurde, und alle an demselben Leiden dahinsiechten, von dem er selbst befallen war.

Geistesarbeiter sollten die Wirkung der Trenn-Kost mit Rücksicht auf ihr Studium und ihre Leistungsfähigkeit besonders beachten. Verbesserte Eßgewohnheiten sollte man nicht Diät, sondern ein zweckmäßiges oder naturgemäßes Essen nennen. An der Entsäuerung des Körpers nimmt auch das Gehirn teil. Die geistige Leistungsfähigkeit steigert sich, und auch der Charakter wird veredelt. Wenn sich nach längerem Fasten der Körper von seinen Schlacken befreit hat, wird der Geist so lebendig, daß die Gedanken glasklar werden und das Unterbewußtsein fast das Verborgene sehen kann. Einige der größten geistigen Taten sind bei längerem Fasten vollbracht worden, und ein hoher Grad geistiger Leistungsfähigkeit wurde nach dem Fasten für lange Zeit beobachtet. Sicherlich wissen wir wenig von unseren geistigen Fähigkeiten, ehe wir nicht das Gehirn mit einem reinen Blutstrom versorgt haben.

Die alten Philosophen Griechenlands lehrten ihre Schüler zuerst die reine Diät und sie übten so strenge Enthaltsamkeit, daß daraus deutlich wird, welche Wichtigkeit sie diesen Maßnahmen für ihre Philosophie beigemessen haben. EPIKUR, SOKRATES, PLATO und andere legten viel Wert auf richtige Ernährung, ja sie betrachteten sie als Grundbedingung für ihre Philosophie und sie erprobten, was sie predigten.

Wenn sich der Körper von den Schlacken gereinigt hat, mit denen er früher belastet war, so steigt der Geist zu einer Höhe und Reinheit, die vordem nie erreicht wurde, und neue Welten scheinen sich dem Glücklichen zu öffnen. Die meisten wertvollen Dinge des Lebens, die Dinge, die andere geistig erhoben haben, die als große Werte jahrhundertelang bestanden, wurden von Menschen vollbracht, die ihr Werk vor eitle Vergnügungen stellten. Man wird unter allen diesen Großen keinen Schwelger finden. Schwelgen und klares Denken vertragen sich nicht.

Essen sollte eine Wissenschaft sein, und zwar die wichtigste von allen. So viel hängt davon ab für Leistungsfähigkeit, Gesundheit, Glück, Vollendung, daß es zur frühzeitigen Gewöhnung genug sein sollte.

c) Die große Krankheit Amerikas – die Müdigkeit

„Amerika hat eine große Krankheit“, sagt HAY, und zwar nicht nur deshalb, weil sie nahezu überall verbreitet ist, sondern weil ihre Auswirkungen gewaltig sind. Sie kostet Amerika mehr Geld als der Weltkrieg. Sie erzieht zur Unzufriedenheit und führt zu allen möglichen Krankheiten. Sie setzt die Tatkraft der Nation herab, stört persönliche und nationale Vorhaben aller Art und bleibt dennoch unerkannt, ungehindert, meist unbeachtet. Wäre dieser Zustand seuchenhaft, wäre er quarantänefähig, könnte man ihm mit Operationen oder Medikamenten begegnen, dann würden große Anstrengungen gemacht, um dieses Gespenst zu vertreiben. Dieses Gespenst ist die Müdigkeit des Einzelnen wie die der Gesamtheit.

Es gibt zwei Arten von Müdigkeit: die eine ist physiologischer, die andere, pathologischer Art. Die eine ist das natürliche Ergebnis geistiger oder körperlicher Anstrengung, der Warnruf der Natur, daß der Körper genug Energie verbraucht hat und ruhen muß, die andere, pathologischer Art, ist eine Krankheit wie Blattern oder Tuberkulose. Sie rührt nicht von Anstrengungen her, denn wir spüren sie immer. Um zu beweisen, daß diese pathologische Müdigkeit Selbstvergiftung und heilbar ist, machte HAY mit 18 Männern im Alter von 28 bis 55 Jahren den Versuch, nur ihre Kost zu ordnen, beließ sie aber sonst bei ihren gewohnten Nahrungsmitteln. Als Standardprobe der Steigerung ihrer Leistungsfähigkeit wurden die Kniebeugen kontrolliert, das heißt die Zahl der Aufrichtungen aus der Hocke zum aufrechten Stehen. Voraussetzung war, daß die Versuchspersonen ihre Kniebeugen nur zu den Kontrollzeiten ausübten. Die 1. Woche der Kontrolle ergab eine Besserung ihrer Leistungsfähigkeit von 50 %, am Ende der 4. Woche von 165 %. Es wurde damit die unmittelbare Wirkung der Ordnung der Ernährung auf die Ausdauer bewiesen, denn zweifellos ist diese ungewöhnliche Kraftsteigerung nur mit der Selbstentgiftung des Körpers zu erklären.

Ein Teil der Männer behielt diese Eßgewohnheiten bei, wodurch sie sich durch Mehrleistungen an Arbeit geldlich verbesserten. Sie stellten fest, daß geordnetes Essen bessere Dividenden einbringt als irgendein Geschäft.

Wenn unsere medizinische Fakultät einmal diese Ernährung lehren würde, wäre das Höchste erreicht. Solange das Medizinstudium sich nur mit der Pathologie — dem Nachweis der Krankheit —

befaßt, solange wird die Wissenschaft sich mehr mit den Symptomen als mit den Ursachen einer Krankheit befassen. Andernfalls würden viele teure diagnostische Apparate der Kliniken aufhören, von ausschlaggebender Bedeutung zu sein. Das Wichtigste ist aber, das Ausmaß der Anhäufung von Säurerückständen im Körper zu beachten und wie weit sich der Körper dadurch von der normalen Leistungsfähigkeit entfernte. Dann ist es für die asthmatischen und tuberkulösen Patienten nicht mehr nötig, höhere und trockenere klimatische Zonen aufzusuchen, denn ihre Wiedergenesung ist eine Frage sorgfältiger Entgiftung und einer Diätkorrektur, die die Bildung von Säureendprodukten begrenzt.

Die Umschulung auf diese Trenn-Kost müßte beim Kleinkind anfangen; ich habe manches Kind die Eßsitten seiner Eltern korrigieren sehen. Kalk, Silikate und Fluor fehlen im raffinierten Mehl und sind dabei so wichtig für die Zähne. Wenn viele nach Vollkorn- oder Grahambrot fragen und nichtdenaturierte Nahrungsmittel verlangen, werden sich Gaststätten und Nahrungsmittelgewerbe auf diese Geschmacksrichtung einstellen. Die Trennung der Speisen kann man sich zum Beispiel im Hotel nach diesen Regeln selbst zusammenstellen.

Ißt der Mensch nach den chemischen Gesetzen der Natur, braucht er keine Furcht vor Krankheit zu haben. Denn was ist Furcht anderes, sagt HAY, als Ursache und Ergebnis der Krankheit zugleich. Furcht kann alle Funktionen lähmen, und ebenso kann Krankheit Furcht erzeugen.

Furcht ist eine psychologische Krankheitsursache. Noch häufiger ist Furcht das Resultat der Krankheit, da Krankheit aller Art, ob leicht, ob schwer, Furcht vor ihren Folgen verursachen kann. Ein Arzt, der 42 Jahre den geringsten Einzelheiten seiner Patienten gelauscht hat, bezweifelt nicht mehr, daß die Gedanken über die Krankheit und die Abirrungen von der Gesundheit einen großen Raum in den Hirnen der Menschen einnehmen.

Die Furcht hängt wie ein Damoklesschwert über den Menschen, weil sie durch das Mißverständnis der Dinge erzeugt wird, denn was wir nicht verstehen, fürchten wir. Furcht kann die Wangen momentan erblassen lassen und das Haar über Nacht bleichen.

Ebenso kann beständige Furcht eine sich häufende, störende Wirkung auf alle Funktionen haben. Es ist wahr, wenn man sagt, daß das einzige, was man in der Welt zu fürchten habe, die Furcht sei; es ist aber leider nur allzu wahr, daß unsere Angst nicht unberechtigt ist, wenn wir an die tägliche Vergiftung unseres Körpers denken.

Wieviel mehr kann ein Mensch leisten, der volles Vertrauen zu sich und seinen Fähigkeiten haben kann! In Furcht zu leben, heißt unter Hemmungen zu leben, die erst nach Beseitigung voll empfunden werden. Wir lernen körperlichen Schmerz ertragen, bis wir seine Anwesenheit fast vergessen; erst wenn wir von ihm erlöst sind, begreifen wir die Hemmungen, die er uns verursachte. Sind wir krank und müde, fürchten wir fast alles, was uns zu bedrohen scheint, und unsere Leistungsfähigkeit, Arbeits- und Lebensfreude leiden darunter, denn wir sind dadurch ohne die Würze des Lebens. Haben wir aber normale Funktionen, dann ist das Leben freudig; wir sind unternehmenslustig, gewandt, treffen unsere Entschlüsse leicht und schnell und sind in der Lage, Lorbeeren zu ernten.

Die Heilung von Furcht liegt allein bei Dir und Deiner Lebensweise. Was schulden wir vor allem unseren Kindern, dem körperlichen Erbe, im Hinblick auf diese Tatsachen! Jeder Mann und jede Frau, die ohne eigene gute körperliche Grundlagen eine Familie zu gründen versuchen, fördern nicht die Entwicklung der nächsten Generation, sondern errichten ihren Kindern vielleicht ein Hindernis, das das ganze Leben hindurch die beste Lebenskraft fordern kann. Die Erbschaft einer ausgezeichneten körperlichen Widerstandskraft ist einem Kinde viel mehr wert als eine Millionenerbschaft. Unsere Erbanlage bestimmt weitgehend den Sitz unserer verschiedenen Krankheiten, doch unsere tatsächliche Erkrankung ist unsere eigene Angelegenheit.

Bestimmte Krankheiten kursieren als „Familienkrankheiten"; sie treffen hauptsächlich die weniger leistungsfähigen Organe. Ähnliche Eßgewohnheiten in der Familie sind aber ein Hauptfaktor für das Zustandekommen solcher leistungsunfähiger Organe. So verschieden unsere Krankheiten auch sein mögen, ererbt oder selbst erworben, so darf man nicht vergessen, daß sie im Grunde alle nur eine Ursache haben, die beseitigt werden muß, ehe wir den Rückweg zur Gesundheit antreten können. Wenn wir uns klar darüber werden, daß wir irgendwie, irgendwann einmal dafür zahlen müssen, *weil wir die Naturgesetze verletzten,* dann werden wir uns eher vor Übertretung hüten, denn Naturgesetze wirken sich unerbittlicher gegen den Übertreter aus, als es die meisten der von den Menschen geschaffenen Gesetze vermögen. Es gibt da keine Ersatzstrafe durch Geldbuße, sondern jeder muß unweigerlich selbst die Strafe an seinem eigenen Körper abbüßen. Die Medizin im allgemeinen, wie die Chirurgie im besonderen, ist heute nichts anderes, als das Verriegeln der Stalltür, nachdem das Pferd gestohlen wurde. Ist es nicht richtiger, eine Krankheit wie das Stehlen des Pferdes zu verhindern?

Wollen wir uns noch eine Regel über den Sport merken: Jeder Sport bis zum Müdigkeitspunkt ist segensvoll. Sport bis zur Übermüdung schadet, weil er unseren Vergiftungszustand verschlimmert, indem er mehr Säurerückstände in einem Körper erzeugt, der mit diesen Substanzen bereits überladen ist. Wir brauchen Arbeit, Sport, Spiel und Ruhe; sie helfen alle, uns innerlich rein zu erhalten, um uns all dieser Dinge zu erfreuen. Die erfolgreichsten Systeme der Kräfte beruhen auf dem Grundsatz, durch allmählich gesteigerten Sport, der die Ermüdung verhindert, die Kräfte zu stählen, so wie Milo aus der griechischen Sage jeden Tag ein kleines Kalb um das Stadion von Athen getragen haben soll. Mit dem Wachsen des Kalbes wuchs auch Milos Fähigkeit, es zu tragen, und als es schon ein Bulle war, konnte er es noch um das Stadion tragen.

Wer zu seinem Sport Gewicht benötigt, richte immer seine Leistung auf die Hälfte oder nicht mehr als dreiviertel seiner gegenwärtigen Fähigkeit ein. Dadurch werden seine Kräfte und Ausdauer erhöht. Die Natur hat keine Günstlinge. Sie behandelt ihre Kinder alle gleich. Der Unterschied im Befinden ist selbstverschuldeter Art. Auf jeden Fall sind wir verloren, wenn wir an unsere Niederlage glauben; wir sind denen im Wege, die unsere Plätze besser ausfüllen können und wir würden gut daran tun, diese Tatsache als eigene Schuld auf uns zu nehmen, das Beste aus einer schlechten Erbschaft zu machen und um weitere Besserung zu kämpfen.

Niemand kann für uns essen, niemand für uns verdauen, niemand kann unsere Nahrung aufnehmen, assimilieren und verwandeln, den Abfall ausscheiden, außer wir selbst; darum liegt die tägliche Körpererneuerung an uns und an niemand sonst in der Welt.

Sie ist also eine von uns kontrollierbare Sache, und niemand außer uns ist schuldig, wenn wir uns nicht wohl fühlen. Wenn Körper und Geist in Übereinstimmung leben, dann ist dies die einzige Möglichkeit seelischer Entwicklung.

Wenn es dem Leser möglich war, seine Gedanken von dem Althergebrachten loszulösen, und wenn er die Lehre von der Regenerierung verstand, dann ist er auch in der Lage, die Lehren dieser Schrift selbst anzuwenden.

Die Trennung von Eiweiß und Kohlehydraten hat sich auch nach meiner Erfahrung außerordentlich bewährt.

Im Lichte der heutigen Erkenntnisse auf dem Gebiete der Physiologie und der Medizin muß möglicherweise überdacht werden, ob die Erklärung, die HAY für die Wirkung seiner Trenn-Kost angibt, heute nicht noch zusätzlich weiteren Faktoren zugeschrieben werden könnte (Faserreichtum der Kost, insulinstimulierende Wirkung), die ebenfalls eine wichtige Bedeutung haben.

Die Ernährung nach Hay

(Die Haysche Trenn-Kost)

HAY stellt den Begriff der Übersäuerung in den Vordergrund seiner „Erkenntnisse der Chemie des Körpers". Er gibt 4 Hauptgründe für diese Übersäuerung an, die zur Krankheitsanfälligkeit führt:

1. die Verwendung von unnatürlichen Nahrungsmitteln
2. die Verwendung zu großer Mengen von konzentriertem Eiweiß und Stärkemehl
3. die verzögerte Verdauung
4. die falsche Zusammensetzung der Nahrungsmittel

Zu 1. Unnatürliche Nahrungsmittel sind zum Beispiel sterilisierte, raffinierte Nahrungsmittel wie Weißmehl, weißer Zucker, Weißbrot, Weißmehlnudeln, polierter Reis.

Der Arzt STEINER ernährte Meerschweinchen mit ihrer gewohnten Nahrung (Heu, Karotten, Hafer, Wasser), die er jedoch kochte. Es stellten sich schwere Erkrankungen mit tödlichem Ausgang ein: Skorbut, Kropf, Blutarmut, Zahnfäule, Weichwerden der Zähne, so daß man sie mit der Schere abschneiden konnte, Verbiegungen des Kiefers, Entartungen der Speicheldrüsen, ein Teil bekam Lungenkrebs. Bei gekochter Nahrung gingen auch Affen an schwerem Siechtum zugrunde. 30 % der Versuchstiere starben an Magen- und Zwölffingerdarmgeschwüren. Füttert man Ratten mit Weißmehl und Wasser, so gehen sie in kurzer Zeit ein, füttern man sie aber mit Vollkornmehl und Wasser, so gedeihen sie und bleiben am Leben.

Wenn man nicht das ganze Getreidekorn verwendet, sondern die Kleie dem Vieh verfüttert und fast nur Weißmehl oder geschälten Reis ißt, treten schwere Gesundheitsschäden auf. In Asien sterben an der Beriberikrankheit Hunderttausende von Menschen. Der Ostasiate ißt vornehmlich Reis. Wenn das Silberhäutchen und mit ihm das Vitamin B weggeworfen wird, führt das zur Krankheit mit Verdauungsstörungen, Nervenschmerzen, zunehmender Schwäche, Lähmung, bei feuchter Form durch Wassersucht zu langsamem Siechtum und zum Tode.

Zu 2. Die Verwendung von zuviel Eiweiß und Kohlehydraten widerspricht der chemischen Zusammensetzung der Körpersäfte.

Nach HAY bestehen 80 % des menschlichen Körpers aus basenbildenden, 20 % aus säurebildenden Elementen. Soll das für die Gesundheit der Körperzellen und Säfte notwendige Gleichgewicht hergestellt werden, so muß das tägliche Nahrungsverhältnis ungefähr wie folgt sein:

80 % Basenbildner,
20 % Säurebildner

Basenbildner sind Obst und Gemüse. Man sollte davon den größten Teil in roher Form genießen, da nur so dem Körper die nötigen Schutzstoffe zugute kommen. Der Sättigungswert ist auch größer. Genießt man nur Gekochtes, so wird das Nahrungsbedürfnis immer größer, weil durch die Zerstörung des dem Körper wertvollen Baumaterials die Herbeischaffung von immer neuem vom Körper gefordert wird. Ständiges Hungergefühl ist vorhanden, der Mensch wird zum Vielfraß. Es genügen ihm zum Leben nicht 3 Mahlzeiten, sondern er braucht 6 am Tage.

Zuviel Eiweiß führt zur Bildung von Harnsäure, die sich im Körper in den Gelenken und geschädigten oder allergisch sensibilisierten Geweben ablädt und zu Rheuma und Gicht führen kann. Zu viel zugeführtes Eiweiß belastet also unnötig die Verdauung.

Wenn man konzentrierte Stärkemehle ißt, also Brot, so besteht ein großer Unterschied, ob man Weißbrot oder Vollkornbrot verzehrt. Vom Weißbrot braucht man die 5- bis 10fache Menge, um satt zu werden, während man beim Genuß von Vollkornbrot (Vollkorn muß mehr und intensiver gekaut werden) nur wenig braucht und der Körper außerdem alle Schutzstoffe des gesamten Getreidekorns zugeführt erhält. Die *Kohlehydrate sind die Betriebsstoffe* des Körpers, das Holz des Ofens. Auch ein Zuviel kann das Feuer ausgehen lassen. Nur wer viel körperlich arbeitet, braucht mehr Brennstoffe, also auch mehr Kohlehydrate.

Zu 3. Die normale Verdauung dauert 24 Stunden, die verzögerte bis zu 72 Stunden. Wenn alle den Darm anregenden Stoffe, wie rohes Gemüse und Vollkornprodukte, in der Nahrung fehlen, braucht sich der Darm nicht zu bemühen, weil der zarte Verdauungsbrei ihn nicht stört, er wird träge, der Speisebrei liegt viel länger in den Darmnischen und kommt zum Gären.

Zu 4. *Die allgemein übliche Ernährung widerspricht durch ihre Mischung von Eiweiß und Kohlehydraten bei einer Mahlzeit der*

(Text weiter auf Seite 32)

Zusammensetzung der Nahrungsmittel*)

(Chemie der Nahrungsmittel nach REIN-STEPP)

Lebensmittel:	100 g des Lebensmittels enthalten in Gramm Eiweiß	Fett	Kohlehydrate	Asche (Mineralien)
Fleisch:				
Büchsenfleisch, fett	25	19	Spur	3,7
Gänsefleisch, fett	14	44	Spur	0,7
Hühnerfleisch, fett	19	9	Spur	0,9
Kalbfleisch, fett	19	11	Spur	1,0
Rindfleisch, mager	21	4	Spur	1,1
Schweinefleisch, fett	16	34	Spur	0,8
Schinken	25	36	Spur	10,5
Blutwurst	14	32	Spur	2,7
Mettwurst	19	41	Spur	4,8
Hartwurst	28	48	Spur	6,7
Fische:				
Aal	12	28	—	0,9
Kabeljau	16	0,3	—	1,3
Hecht	18	0,4	—	1,2
Hering	20	17	—	14
Eier und Milch:				
Eier	14	11	0,6	0,9
Milch	3,4	3,4	4,7	0,75
Rahm	3,4	10	4,7	0,75
Buttermilch	3,4	0,5	4,7	0,7
Butter	0,8	84,5	0,5	0,2
Fettkäse	26	30	2,1	4,6
Magerkäse	38	2	3,0	4,4
Brot- und Mehlerzeugnisse:				
Roggenbrot	6,0	0,8	54	1,2
Vollkornbrot	7,8	1,1	46	1,5
Haferflocken	14	6,7	65	1,9
Nudeln	14	2,4	69	0,8
Reis	8	0,5	77	0,8
Weizenmehl	11,8	1,5	71	0,6

*) Bei manchen Nahrungsmitteln mußten bei ihrer Einteilung in der Hayschen Tabelle aufgrund ihrer natürlichen Zusammensetzung Kompromisse geschlossen werden. Sie erfolgte nach Maßgabe der Verdaulichkeit.

Lebensmittel:	100 g des Lebensmittels enthalten in Gramm Eiweiß	Fett	Kohlehydrate	Asche (Mineralien)
Gemüse:				
Blumenkohl	2,5	—	4	0,8
Grüne Bohnen	3	—	6	0,7
Champignons	5	0,2	3	0,8
Grünkohl	5	0,9	10	1,6
Gurken, ungeschält	0,6	—	1	0,5
Karotten	1,0	—	9	0,7
Kartoffeln	2,1	0,1	21	1,1
Kohlrabi	2,5	Spur	6	1,0
Kohlrüben	1	Spur	7	0,7
Radieschen	1	Spur	4	0,7
Schwarzwurzeln	1	Spur	15	1,0
Spargel, geschält	2	Spur	2	0,5
Spinat	2	Spur	2	1,9
Steinpilze, frisch	5	0,4	4	1,0
Tomaten	1	Spur	4	0,6
Leguminosen:				
Bohnen, Kerne	26	2	47	3
Erbsen, getrocknet	23	2	52	3
Linsen	26	2	53	3
Sojamehl, entfettet	50	0,3	26	6
Sonstiges:				
Honig	0,3	—	80	0,3
Schokolade	7	22	65	1,7
Kakaopulver	22–28	33 u. mehr		5,3
Mandeln, süß	21	53	14	2,3
Eigelb	32	0,9	52,3	6,3
Früchte:				
Äpfel, frisch	0,4	—	14	0,4
Äpfel, getrocknet	1	Spur	60	1,6
Apfelsinen, ohne Schale	0,8	—	14	0,5
Bananen, ohne Schale	1	—	23	0,9
Datteln, getrocknet	1,9	0,6	73,3	1,8
Erdbeeren	1	—	9	0,7
Erdnüsse, ohne Schale	27,5	44,5	15,6	2,5
Haselnüsse, lufttrocken	17	63	7	2,5
Pflaumen	0,8	—	17	0,5
Himbeeren	1	—	8	0,6

Die einzelnen Werte können in den verschiedensten Ländern auch unterschiedliche Werte ausmachen, da je nach Land die Zusammensetzung der verschiedenen Lebensmittel auch leicht unterschiedlich sein kann.

Chemie des Körpers und verwirrt die Verdauung. Eiweiß und saure Früchte verlangen zur Verdauung Säurelösung, Stärke und Zucker Basenlösung. Eiweiß und Kohlehydrate sollten deshalb nicht zusammen bei einer Mahlzeit genossen werden. Saures Aufstoßen und Völlegefühl nach den Mahlzeiten, die diese Trennung nicht berücksichtigen, sind die Folge. Die Verdauung der *Stärke* beginnt bereits im Mund durch *Ptyalin des Speichels.* Die Verdauung der *Eiweißstoffe* beginnt im Magen durch *Pepsin* auf Säuregrundlage. *Ißt man Eiweiß und Kohlehydrate zusammen, so erfolgt stets eine ungenügende Verdauung der Stärkemehle,* die dann im Darm durch Wärme und Feuchtigkeit gären. *Eiweiß und Kohlehydrate dürfen deshalb bei einer Mahlzeit nicht zusammen gegessen werden.* Man ißt das Eiweiß mit Gemüsen mittags und das Stärkemehl mit Gemüsen abends. Diese Methode HAYs wurde von mir in der „Münchener Medizinischen Wochenschrift“ 1951, S. 40, veröffentlicht.

An Tausenden von Patienten fand HAY die Richtigkeit der Gedankengänge bestätigt. Er selbst gesundete durch die Anwendung dieser Gesetze.

Aus der folgenden Tabelle (REIN-STEPP) erkennt man, daß die Natur die konzentrierten Nahrungsmittel wie Eiweiß und Kohlehydrate charakteristisch für ihre Gruppe geschaffen hat, also *entweder als Eiweiß- oder vorwiegend als Kohlehydratnahrung. In diesem Sinne hat HAY eine Trennung der Nahrungsmittel vorgenommen, und die nach S. 32 beigefügte Tabelle gibt die nach HAY vorzunehmende Trennung der Nahrungsmittel an. Diese Tabelle dient als Grundlage für die nachfolgenden Speisezettel und Kochrezepte.*

Zwar enthalten viele Nahrungsmittel, wie aus der REINSTEPPschen Tabelle (S. 30/31) hervorgeht, Eiweiß *und* Kohlehydrate.

Fleisch enthält keine Kohlehydrate, Getreide vorwiegend Kohlehydrate. HAY hat in seiner Tabelle die Nahrungsmittel danach eingeteilt, was sie *vorwiegend* enthalten und ist so zu der Trennung der extrem konzentrierten Nahrungsmittel gekommen.

Faustregeln zur Hayschen Trenn-Kost

Verwende so wenig wie möglich Eiweiß- und Stärkeprodukte, verwende viel Obst und Gemüse! Mehr als 60 bis 100 g Fleisch oder andere Eiweißprodukte und mehr als 30 bis 60 g Fett sind unnötig.

Verwende nur *eine* Eiweißart zu einer Mahlzeit, also entweder Fleisch *oder* Fisch. Verwende nur *eine* Stärkemehlart zu einer Mahlzeit, also Kartoffeln *oder* Brot oder andere Mehlprodukte. Ein Beweis dafür, daß man Eiweiß und Stärkemehl zusammen schlecht verträgt und verdaut, sind die Hülsenfrüchte. Sie sind in der Tabelle sowohl unter Stärke als auch unter Eiweiß angeführt, ihre schwere Verdaulichkeit ist allgemein bekannt. Sie sind daher aus fast jeder Diät gestrichen.

Vermeide in der Pfanne gebratene Nahrung!

Die Nahrungsmittel, die in der Mitte der Tabelle aufgeführt sind, gelten als neutral, das heißt man kann sie zu jeder Mahlzeit verwenden, die aus Eiweiß oder aus Kohlehydraten besteht.

In der Trennung von Eiweiß und Kohlehydraten liegt der Kernpunkt dieser neuen Ernährung.

Um die Mahlzeit sättigend zu gestalten, verwendet man mittags und abends viel rohes und gekochtes Gemüse. Die Morgenmahlzeit soll aus Milch, Obst und Leinsamen bestehen, und zwar jedem Obst außer Bananen, Datteln, Feigen. Man verwendet auch hier nur ähnliche Sorten, zum Beispiel Apfelsinen mit Mandarinen zusammen. Beeren passen zu allen Früchten. Milch und Obst kann morgens durch ein Müsli ersetzt werden. Es sättigt mehr und hat auch mehr Kalorien.

Müsli-Rezept:

1 Eßl. Magerquark, etwas heiße Milch, 1 geriebener Apfel, 1 Eßl. Öl, 1 Teel. Weizenkleie und 1 Teel. Weizenkeime.

Der Leinsamen soll biologisch einwandfrei sein und wird besser zu jeder Mahlzeit frisch geschrotet; wir empfehlen der hohen Qualität halber die Sonderzuchtleinsaat Linusit (im Reformhaus erhältlich) oder Linomel.

Milch kann man in jeder Form verwenden. Als Dickmilch und Buttermilch ist sie aber vielen bekömmlicher. Süße Milch speichle man teelöffelweise ein.

Die Tagesverteilung der Eiweiß- und Stärkemahlzeiten richtet sich nach der Art der Arbeit, die der Betreffende leistet.

Für Kinder und körperlich schwer Arbeitende rechnet man mehr konzentrierte Mahlzeiten als für Menschen mit sitzender Arbeitsweise. Kinder brauchen meist mehr Kohlehydrate.

Basenmahlzeiten

Zur Basennahrung gehören nur Gemüse, Milch und Obst. Winterkohl und Kartoffeln sind keine Basenmahlzeiten.

Eiweißmahlzeiten

Zu diesen genießt man keinerlei Mehlspeisen, Kartoffeln oder Brot. *Vor* jeder Mahlzeit nimmt man am besten das *Rohgemüse* (Salate), ebenso Obst. Man muß möglichts nur saftige Sorten verwenden.

Zu Fleischspeisen passen gekochte Tomaten, zu Stärkemehlspeisen nicht. Man kann also zu Fleischspeisen sehr gut Tomatensuppe essen, die man mit Eiweißflocken etwas bindet.

Wir wiederholen:

Trenn-Kost heißt **Trennung** von

Kohlehydrat und	**Eiweiß**
(innerhalb einer Mahlzeit)	
Getreide	Eier
Brot	Fleisch
Nudeln	Fisch
Reis	Käse (unter 60 % Fettgehalt)
Kartoffeln	Milch
Grünkohl	Sojamehl
Bananen	
Zucker	
Datteln	**Saures Obst**
Feigen	Äpfel
Honig	Trauben
Rübensirup	Birnen usw. (vgl. Tabelle nach S. 32)

Fette, Salate, Gemüse, Kräuter, Nüsse, Heidelbeeren und **Rosinen** (s. Tabelle) sind neutral und können sowohl zu den Eiweiß- wie zu den Kohlehydratmahlzeiten genossen werden.
Gekochte Tomaten und gekochter Spinat passen zu Fleisch- oder Fischspeisen, zu Stärkemahlzeiten passen sie nicht, nur in roher Form.

Salate zu Eiweißmahlzeiten richte man mit Kräutern und mit Öl und Zitrone an, evtl. noch mit Buttermilch.

Salate zu Stärkemahlzeiten richte man mit Öl und Kräutern, aber ohne Zitrone an*) und evtl. mit Buttermilch. Sie ist neutral, kann also auch zu den Kohlehydratmahlzeiten getrunken werden.
Der Hauptbestandteil der Nahrung sei lacto-vegetabil. Fleisch und Fett sind Zugaben.

Milch ist in jeder Form verwendbar. Man trinkt sie so, daß sie durchgespeichelt wird. Milch mit saurem Obst und Gemüse (roh oder gekocht) schwemmt Giftstoffe aus (Morgenmahlzeit). Gallenkranke sollten statt Milch Buttermilch vorziehen. Saure Milch ist leichter verdaulich.

Merke: Langsam essen, gut kauen, Pausen von 3 bis 4 Stunden zwischen den Mahlzeiten einhalten, damit der Verdauungskanal seine selbstreinigende Kraft auch entfalten kann! *Brot* und *Quark* (Magerquark ist bekömmlicher), *Kartoffeln* und *Quark,* Brot oder Kartoffeln können mit Quark gegessen werden. Zu Brot passen alle *Doppelrahmkäsesorten***). Mit Quark kann diese Ausnahme gemacht werden, da er „vorverdaut" ist. Blutwurst enthält mehr Fett als Eiweiß und wird leichter als andere Wurst vertragen. Man hat mit Quark, Doppelrahmkäse und Blutwurst eine schöne Angleichung an alte Eßgewohnheiten. **Besonders empfindliche Patienten müssen aber auch auf**

*) Marinaden am besten ohne Zitrone, damit man sie sowohl zu Eiweiß als auch zu Kohlehydraten verwenden kann. Dazu Rezept: Küchenkräuter, Zwiebel, Frugola, Dickmilch, Öl.

**) Doppelrahmkäsesorten ab 60 % F. i. T. sind zum Beispiel Gervais, Buko, Philadelphia.

diese Angleichung verzichten. Es ist zu raten, den Genuß von Schweinefleisch und Schweinefett zu unterlassen und Diäsan, Sonnenblumenöl, Dr. Grandels Keimöl und Leinöl den Vorzug zu geben. Quark mit Leinöl zum Beispiel ist eine Bereicherung der Abendmahlzeit*).

Man würzt: Rindfleisch mit Thymian (gemahlenem),
Kalbfleisch mit Salbei (gemahlenem),
Schweinefleisch mit Rosmarin (gemahlenem),
Tomatensuppe mit Basilikum, etwas Salbei, Knoblauch (1 Zehe durch die Knoblauchpresse), Rahm, Petersilie, Zwiebeln.
Alle Fleischarten schmecken besonders gut mit etwas Knoblauch, aber stets nur durch die Knoblauchpresse, wegen der besseren Verteilung.

Man ißt also morgens zum Beispiel Obst und Milch. Soviel Obst, daß man satt wird, dazu Milch oder das Müsli von S. 33, soviel man verträgt. *Zur Milch Leinsamen!* Dann sättigt diese Mahlzeit auch.
Mittags ißt man eine Eiweißmahlzeit, zum Beispiel Obst, rohe Karotten mit geriebenen Äpfeln, Salat und Schnitzel (unpaniert);
abends: rohe Tomaten, Gurken oder Blattsalat ohne Zitrone, Brot mit Doppelrahmkäse zu Tee.
Es hat sich für besondere Fälle bewährt, statt Milch Buttermilch zu trinken und zu den Fleischmahlzeiten saure Gurken oder angesäuerte Salate zu essen. Die Buttermilch darf keine künstlichen Zusätze oder Veränderungen erfahren haben. In die Morgenmilch Leinsamen zu nehmen, ist für die Verdauung günstig. Das ist besonders wichtig für Magen- und Gallenkranke, aber auch zur Vorbeugung für Gesunde.

Beispiel einer durchschnittlichen Tagesverpflegung

Morgens:

1 Müsli wie S. 33 und 1 Glas frischer Fruchtsaft und 1 Tasse Tee
oder: Obst, Milch und gemahlenen Leinsamen
oder (für körperlich Arbeitende und Kinder):

*) Naturbelassene Öle und Fette sind in Reformhäusern oder Drogerien erhältlich, ebenso Leinsamen.

1 Glas Gemüsesaft
Kaffee, Brot, Butter, Honig,
und zwar 80 % Gemüsesaft, 20 % Wasser zur Verdünnung,
oder: 1 Müsli mit mehr Quark und Obst und evtl. Rosinen,
Weizenkeime und Weizenkleie, Milch und Öl.

Mittags:
Obst oder Frucht- oder Gemüsesaft
Gemüsesuppe
20 % Fisch oder Fleisch oder Eier (nicht roh)
80 % rohes und gekochtes Gemüse.

Abends:
80 % Rohgemüse oder Salat
20 % Pellkartoffeln
oder Brot
oder Auflauf aus Vollreis oder Vollkornnudeln
als Beilage Blutwurst oder Quark (ggf. mit Leinöl oder Keimöl).
Als Nachspeise: Feigen, Datteln, Nüsse oder Bananen.

Der Ernährungsforscher Ragnar BERG betont ebenso wie HAY die Wichtigkeit der 80 % Basenkost und 20 % konzentrierter Nahrung.

Merke:

Morgens:
Müsli (wie auf S. 33 beschrieben)

Mittags:
Eine Eiweißart, Salat, Gemüse, Obst.

Abends:
Eine Kohlehydratart und Rohgemüse.

Zwischenmahlzeiten können morgens aus Milch und Obst bestehen, wenn man morgens Müsli gegessen hat, nachmittags aus Brot, Butter, Gemüsesaft.

Bis zum Abend hat dann der Trenn-Köstler die gleichen konzentrierten Nahrungsmittel gegessen wie der Misch-Köstler — nur nutzt er diese besser aus.

Stoffwechselversuche haben ergeben, daß die Trenn-Kost eine restlose Verdauung (selbst der Zellulose) gewährleistet.

Speisezettel und Kochrezepte

Die Trenn-Kost ist im Grunde sehr einfach, wenn man die Faustregeln (S. 33) berücksichtigt.

Vorschläge für die vegetarische Küche

Montag:

1. roher Sauerkrautsalat
2. Kartoffelbrei mit Wasser und Rahm
3. Zwiebel mit zerlassener Butter oder Becel

Dienstag:

1. Rohgemüse
2. Vollkornreis mit Paprikaschoten
3. gebackene Bananen, mit Cognac flambiert

Mittwoch:

1. Rohgemüse
2. Vollkornnudelauflauf
3. Heidelbeeren mit Rahm

Donnerstag:

1. Salat
2. Quarkküchelchen

Freitag:

1. Rohgemüse
2. Vollweizenauflauf mit Gemüse

Samstag:

1. Rohgemüse
2. Kartoffelsuppe mit Blutwurst
3. Bananes flambées, s. o.

Sonntag:

1. Obstsalat
2. Selleriesalat
3. im eigenen Saft gedünsteter Fisch

1 bis 2 Fischmalzeiten pro Woche sind den Vegetariern zu empfehlen, da sie meist an einem Eiweißmangel leiden.

Rezepte zu Aufläufen

Man kocht zuerst Bohnen, Kartoffeln oder Blumenkohl in Wasser ab. In diesem Abbrühwasser kocht man dann das Getreide oder den Vollreis oder die Nudeln gar.

Dann gibt man z. B. eine Lage Gemüse und eine Lage Vollkorngetreide abwechselnd in die Auflaufform. Obenauf setzt man Flocken aus Kräuterdoppelrahmkäse und überbackt hellbraun in der Röhre.

Vegetarische Rezepte sind ferner den Kohlehydratmahlzeiten von Seite 54 bis 66 und den Rohkostverbindungen auf Seite 67 zu entnehmen.

Vorschläge für eine Gemeinschaftsküche

Montag:

1. Rohgemüse
2. Weißkrauteintopf (gehobeltes Kraut mit gehacktem Fleisch oder zuvor angebratenem Hammelfleisch)
   Obst

Dienstag:

1. Rohgemüse
2. Bohneneintopf (frische Bohnen oder milchsaure Topfbohnen) mit Kartoffeln und rohem Schinken oder roher Wurst

Mittwoch:

1. Rohgemüse
2. Rotkraut mit Äpfeln
3. Frikadellen
   (anstelle von Brötchen Tomaten oder passierte gekochte Karotten und Knoblauch und Zwiebeln hinzufügen)

Donnerstag:

1. Sauerkrautsalat, roh
2. Kartoffelbrei (mit Wasser und Rahm)
3. Blutwurst

Freitag:

1. Salat
2. gebackene Apfelscheiben
   oder Selleriesalat
3. Fisch, im eigenen Saft gedünstet

Samstag:

1. Rohgemüse
2. Gemüsesuppe mit Reiseinlage
3. Reisspeise als Nachspeise

oder:
1. Rohgemüse
2. Grünkohl mit Pellkartoffeln
3. Quark oder Quarkspeise mit Bananen

oder:
1. Rohgemüse
2. Erdkohlrabi mit Kartoffelbrei
3. Speck

Sonntag:

1. Rohgemüse
2. Braten, Tiefkühlgemüse
   und Salat mit Frischmilch
   und Kräutern
3. Nachtisch: 1 Apfel

I. Eiweißmahlzeiten

Zu diesen genießt man keine Mehlspeisen, Kartoffeln, Reis oder Brot, sondern Gemüse und saures Obst.

a) Fische aller Art und Zuspeisen

1
Obst
Salat, Rohgemüse
Fischfilet (unpaniert)

2
Feldsalat
Italienischer Salat (S. 48, Nr. 8)

3
Obst
Möhrengemüse, Salat, Rohgemüse
Fisch mit Mayonnaise

4
Obst
Löwenzahnsalat, Lauchstangen
Fisch in Tomatensauce (ohne Mehl)

5
Obst
Rohgemüse, Spargel mit Butter
Fischrouladen

6
Obst
Tomatensuppe
Zwiebelgemüse, Rohgemüse
Fisch im eigenen Saft

7
Obst
Endivien-Tomaten-Salat, Rohgemüse
Forellen mit Butter

8
Obst
Rohgemüse, grüner Salat
Rheinlachs mit Mayonnaise

9
Obst
Rohgemüse, Bohnengemüse
Felchen mit Butter

b) Fleisch und Zuspeisen

1
Obst
Rohgemüse
Roastbeef, garniert mit
Möhren, Lauch, Sellerie

2
Obst
Rohgemüse
Gemüseeintopf und Rindfleisch
ohne Kartoffeln

3
Obst
Rohgemüse
Spargel, Salat
Schinken

4
Obst
Rohgemüse
Lenden, garniert mit
Rosenkohl, Blumenkohlrosen, gebacken

5
Obst
Rohgemüse
Tomaten- und Gurkengemüse
Deutsches Beefsteak

6
Obst
Rohgemüse
Spargel mit Butter
Kalbsnierenbraten

7
Rohgemüse
Kalbsschnitzel
Apfelringe, gedünstet

8
Obst
Rohgemüse
Wachsbohnengemüse
Leber, gedünstet
gebackene oder gedünstete Apfelscheiben

9
Obst
Rohgemüse
Italienischer Salat
(S. 48, Nr. 8)

10
Obstsalat
Rohgemüse
Zwiebelfleisch (S. 47, Nr. 1)
Blumenkohl

11
Obst
Rohgemüse
gedünstete Tomaten
Tatarbeefsteak (S. 47, Nr. 2)

12
Obst
Rohgemüse
roher Sauerkrautsalat
Kalbsbrust, mit Äpfeln gefüllt

13
Obstsalat
Rohgemüse
Kohlrabigemüse
Kalbskotelett (nicht paniert)

14
Obst
Rohgemüse
Selleriegemüse
Rinderbraten

15
Obst
Rohgemüse
Salat, Zwiebelgemüse
saure Nieren

16 Obstsalat
Rohgemüse
Mangold
Rindswurst

17 Obstsalat
Rohgemüse
Weißkrautgemüse mit Kümmel
Hammelkeule

18 Obst
Rohgemüse
Wirsinggemüse
Lammkeule

19 Obst
Rohgemüse
Irish-Stew mit Hammelfleisch

20 Obst
Rohgemüse
Weißkraut-Salat
Hammelkotelett

21 Obstsalat
Rohgemüse
Möhrengemüse
gebackenes Hähnchen

22 Obst
Rohgemüse
rohes Sauerkraut
Hirschbraten

23 Obst
Rohgemüse
Rotkraut mit Äpfeln
Wildschweinbraten

24 Obstsalat
Rohgemüse
Salat, Blumenkohl mit Butter
Fasan

25 Obst
Rohgemüse
Gänsebraten
(die Soße mit Sellerie dicken,
den Braten mit Äpfeln füllen
oder mit Hackfleisch und Äpfeln)

26 Obst
Rohgemüse
Salat, Blumenkohl
Tauben

27 Obst
Rohgemüse
Rehkeule, garniert

28 Obstsalat
Rohgemüse
Rotkraut mit Äpfeln
Rehziemer

29 Obst
Rohgemüse
Blumenkohl, Rotkraut
Hasenziemer

c) Eier und Zuspeisen

1 Obst
Rohgemüse
Spinat
Mortadella mit Spiegelei

2 Obstsalat mit gehackten Pilzen
Omelett
grüner Salat

d) Kleine pikante Gerichte — ergänzt von Rohsalaten

1	Krabbensalat mit Krabben, jungen Erbsen, Spargel, Ananas, Äpfeln und Mayonnaise	
2	Gekochter Fisch mit zerlassener Butter und Zitrone roher Sauerkrautsalat mit Äpfeln	
3	Salat aus Ananas, Äpfeln, Spargel, Erbsen und Mayonnaise gefüllte Paprikaschoten Tomatensalat, grüner Salat Obst	 (S. 48, Nr. 10)
4	Spargel mit Schinken und Orangen	(S. 49, Nr. 12)
5	Ragout fin in Muscheln	(S. 49, Nr. 13)
6	Fischragout in Muscheln	(S. 49, Nr. 14)
7	Gedämpfte Gurken mit Dillbutter	(S. 50, Nr. 15)
8	Gedämpfte Chicorée mit Zitrone	(S. 50, Nr. 16)
9	Pariser Nierenspieß	(S. 50, Nr. 17)
10	Gefüllte Sellerie	(S. 50, Nr. 18)
11	Waldorf-Astoria-Salat	(S. 50, Nr. 19)
12	Schwedischer Krabbensalat	(S. 51, Nr. 20)
13	Amerikanischer Fruchtsalat	(S. 51, Nr. 21)
14	Geflügelsalat mit Orangen	(S. 51, Nr. 22)

15	Amerikanischer Karottensalat	(S. 51, Nr. 23)
16	Italienischer Lauchsalat	(S. 51, Nr. 24)
17	Salat San Remo	(S. 52, Nr. 25)
18	Mailänder Salat	(S. 52, Nr. 26)
19	Cordon bleu	(S. 52, Nr. 27)

e) Rezepte für Eiweißmahlzeiten

1. Zwiebelfleisch

1 Pfund gewürfeltes Rindfleisch, 2 bis 3 Zwiebeln, je nach Größe, Majoran, Thymian, etwas Öl, 1/8 Liter saurer Rahm: Man dünstet die Zwiebeln in dem Öl glasig, gibt das Fleisch gleichzeitig, aber erst nach dem Garen den sauren Rahm hinein.

2. Tatarbeefsteak

Geschabtes Rindfleisch, eine feingeschnittene Zwiebel, Basilikum, 1 Eigelb, zerkleinerte Tomaten und gewiegte Kräuter mischt man und ißt das Fleisch zu Gemüse oder Rohkost.

3. Gehacktes Fleisch mit Karotten

1 Pfund gehacktes Rindfleisch, eine kleine Zwiebel, eine Spur Kräutersalz, Thymian und Basilikum, etwa 4 bis 5 Karotten: Die Zwiebel dünstet man in etwas Fett, vermischt sie mit dem Fleisch, den geriebenen Karotten und den Gewürzen, füllt die Masse in eine gefettete Jenaer-Glasform und dämpft das Gericht bei mäßiger Hitze gar.

4. Krautrouladen

500 g gehacktes Rindfleisch, 1 Ei, 2 kleine gewiegte Zwiebeln, Kräutersalz, Basilikum, Thymian, Weißkraut: Fleisch, Ei, Gewürze, zerkleinerte Krautreste mischen, in Weißkohlblätter einwickeln und dünsten.

5. Weißkraut mit Tomaten und Käse

Feingeschnittenes, abgebrühtes Weißkraut, zerkleinerte Tomaten und geriebenen Käse schichtet man abwechselnd in eine Auflaufform (mit Butter einfetten), nachdem man nach Geschmack gewürzt hat. Man backt den Auflauf bei mäßiger Hitze.

6. Feiner Salat

Eine kleine abgekochte Sellerieknolle, einen geschälten Apfel, 125 g gekochtes Hühnerfleisch und das Fleisch von 2 kernlosen Orangen zerkleinern, mit 10 grobgehackten Walnüssen, der geriebenen Schale einer Orange, einem Schuß Cognac und 125 g guter Mayonnaise mischen, 1 bis 2 Stunden kalt stellen und mit grünem Salat servieren.

7. Gedämpftes Huhn in Tomatentunke

Ein gedämpftes Huhn zerlegt man, wenn es weich ist, in Stücke, gibt diese in eine pikante Tomatentunke und läßt das Ganze 20 Minuten langsam durchziehen. Man richtet auf einer Platte an, umlegt mit gedämpften grünen Bohnen und gibt Blattsalat dazu.

8. Italienischer Salat

Man schneidet Fisch oder Fleisch nach dem Kochen in kleine Würfel, ebenso Äpfel, Sellerie, rote Beete und Zitronengurken. Nun vermischt man alle diese Zutaten mit Mayonnaise aus Bioghurt, Eigelb, Öl und Zitronensaft.

9. Salat von Schweizer Käse

Man hobelt den Käse in feine Schnitzel, legt ihn lageweise mit zerkleinertem Rohgemüse in eine Glasform, gibt Bioghurt und evtl. Büchsenmilch darüber und läßt ihn durchziehen.

10. Gefüllte Paprikaschoten

Paprika aushöhlen und Zwiebeln, Hackfleisch, Eigelb, geriebene Äpfel, Petersilie und etwas Öl mischen, die Paprikaschoten damit füllen, mit etwas Wasser in fest verschlossenem Topf 20 Minuten dünsten.

11. Fischauflauf

Fischfilet, mit Meeressalz und Zitronensaft gewürzt, legt man in eine mit Butter ausgestrichene Jenaer-Glasform, abwechselnd mit Tomatenscheiben und kleingeschnittenen, vorgedämpften, beliebigen Gemüsen belegt, gibt Butterflöckchen darauf und läßt das Gericht im eigenen Saft etwa 20 Minuten dünsten.

12. Spargel mit Schinken und Orangen

In 5 cm lange Stücke geschnittener, geschälter Spargel wird gar gekocht, mit feingewiegtem rohem Schinken und entkernten Orangenscheiben wechselweise in eine gefettete Auflaufform gelegt. Obenauf kommen die Spargelköpfe, die mit reichlich Butterflöckchen bestreut werden. Darüber gibt man ½ Tasse leicht gesalzenen süßen Rahm, 20 Minuten im heißen Ofen backen und in der Jenaer-Glasform servieren.
Man kann auch Becel oder ähnliches statt Butter nehmen.

13. Ragout fin in Muscheln

50 g in feine Streifen geschnittene Ochsenzünge, 50 g in feine Streifen geschnittenen Kalbsbraten, 50 g Spargel, in feine Blättchen geschnitten, 1 Eßlöffel Kapern, 2 Eigelb, 1 Tasse Milch, 1 Prise Salz und etwas Paprika gut mischen. Gut gefettete Muschelformen bis zum Rand füllen, mit Butterflöckchen versehen und ca. 15 Minuten im Ofen überbacken. Mit Zitronenscheiben servieren und zu Salat essen.
Man kann auch Becel oder ähnliches statt Butter nehmen.

14. Fischragout in Muscheln

Reste von gekochtem Fisch in kleine Stücke teilen. 2 Teelöffel Tomatenmark, eine feingehackte mildsaure Gurke. 4 gehackte Walnußkerne, 1 Teelöffel Rosenpaprika, 2 Tassen Milch und 2 Eigelb gut mischen und darübergießen, in gefettete Muscheln füllen, mit etwas Butterflöckchen bestreuen und ca. 10 Minuten im heißen Ofen überbacken. Vor dem Servieren mit einer Gabel in die Kruste stechen und ein paar Tropfen ungesüßten Wein einfüllen. Zu grünem oder Sauerkrautsalat servieren.

15. Gedämpfte Gurken mit Dillbutter

Man rechnet pro Person ½ Pfund Gurken. Die Gurken werden geschält, halbiert, entkernt, in reichlich frischer Butter auf kleiner Flamme gedünstet, mit Salz und Paprika gewürzt. Die heißen Gurken werden dick mit frischer Butter oder Becel, die mit reichlich feingewiegtem frischen Dill verknetet wurde, bestrichen und, mit kleingehacktem, hartgekochtem Eigelb bestreut, serviert.

16. Gedämpfte Chicorée mit Zitrone

Man rechnet pro Person 2 Stangen. Das Gemüse wird in frischer Butter auf kleiner Flamme ca. 10 Minuten ringsum gebraten, mit Salz bestreut und mit Zitronensaft beträufelt und, mit hartgekochtem, kleingehacktem Eigelb bestreut, serviert.

17. Pariser Nierenspieß

Auf einer Fleischnadel werden eine Scheibe Niere, ein Salbeiblatt, eine Scheibe Schinkenspeck, ½ Zwiebel abwechselnd aufgespießt. Die Spieße werden in heißem Fett oder Öl schnell rundherum gebraten, mit Salz und Paprika gewürzt und zu Salat und Gemüse serviert.

18. Gefüllte Sellerie

Eine große Knolle Sellerie in leichtem Salzwasser gar kochen, erkaltet schälen, halbieren, mit einem kleinen Teelöffel aushöhlen, mit Zitronensaft würzen, die ausgekratzten Abfälle zerdrücken, mit kleingeschnittenen Resten von Geflügel, Braten, Zunge, einer kleingehackten Gurke, ½ geraspelten süßen Apfel, 1 Teelöffel Kapern und Mayonnaise aus Bioghurt, Eigelb, Öl und Zitrone untermischen. Diese Farce in die Sellerie einfüllen. Eisgekühlt auf Kopfsalatblättern servieren.

19. Waldorf-Astoria-Salat

Eine kleine abgekochte Sellerieknolle, einen geschälten, süßen Apfel, 125 g gekochtes Hühnerfleisch (Resteverwertung), das Fleisch von 2 kernlosen Orangen, 10 grobgehackte Walnüsse, die geriebene Schale einer Orange, 1 Schuß Cognac, 125 g

Mayonnaise mischen. Portionsweise auf grünen Salatblättern anrichten.

20. Schwedischer Krabbensalat

125 g Krabben, 100 g geraspelte, rohe Sellerie, 1 Tasse in Butter gedämpfte grüne Erbsen, einen kleingeschnitteten Apfel, 125 g dicke Mayonnaise gut mischen, kühl stellen und auf Salatblättern servieren.

21. Amerikanischer Fruchtsalat

Das Fleisch von einer Grapefruit, 2 Orangen, 2 süßen Äpfeln, 100 g Ananas in kleine Würfel schneiden, eine kleine Knolle Sellerie raspeln und zum Fruchtfleisch geben. Mit 2 Eßlöffeln voll gequollener Sultaninen, 50 g grobgehackten Walnüssen, ¼ Tasse Bienenhonig, dem Saft von 2 Zitronen und der abgeriebenen Schale einer Orange gut mischen, 30 Minuten ziehen lassen. Eisgekühlt zu gebratenem Fisch oder Fleisch oder Geflügel servieren.

22. Geflügelsalat mit Orangen

200 g gekochtes oder gebratenes Geflügelfleisch (Resteverwertung) in kleine Würfel schneiden, mit dem Fleisch von 2 Orangen, einer Handvoll geschälter, halbierter Mandeln, den feingehackten Schalen einer Orange, 125 g Mayonnaise und einem Schuß Cognac gut mischen, in Muschelschalen servieren.

23. Amerikanischer Karottensalat

250 g rohe, gewaschene Karotten zu Mus reiben, mit 50 g geraspelter Kokosnuß, 50 g kleingeschnittenem magerem Schinken, dem Saft von 2 und der geriebenen Schale einer Orange und 125 g Mayonnaise gut mischen. Zu Salat servieren.

24. Italienischer Lauchsalat

2 dicke Lauchstangen gut waschen, das Grüne abschneiden, das Weiße in dünne Ringe schnitzeln, mit feingewiegtem geräuchertem Lachs, dem Saft und der geriebenen Schale

einer Zitrone und Olivenöl mischen, 1 Stunde ziehen lassen und auf Salatblättern servieren.

25. Salat San Remo

4 reife, gehäutete Tomaten in dünne Scheiben schneiden, mit einem gekochten, gehackten Eigelb, einigen Krabben, einer geriebenen Zwiebel, dem Saft einer halben Zitrone und mit Olivenöl mischen. Auf Kopfsalat servieren.

26. Mailänder Salat

8 Salatherzen von Kopfsalat halbieren, die Scheiben einer Orange halbieren, mit 8 entsteinten Sauerkirschen, 1 Eßlöffel Bienenhonig, 8blättrig geschnittenen Haselnüssen, dem Saft und der geriebenen Schale einer Orange, ein paar Tropfen Cognac und 50 g steifen Sanoghurt gut mischen und auf Salatblättern anrichten.

27. Cordon bleu

Man klopft ein Kalbsschnitzel sehr breit, würzt es mit Salz und Salbei, einer kleinen Prise für jede Seite, streicht recht dünn Rahmkäse und gibt ein Stück gekochten Schinken darüber. Diese Teile werden mit Zahnstochern oder Rouladenspießen zusammengestochen und gebraten. Wenn man die richtige Mischung von Fleisch, Käse, Schinken und Salbei heraus hat, hat man in Cordon bleu ein ganz besonders lukullisches Gericht.

28. Hähnchenbrust auf Gemüse

1 Bund Möhren (400 g), 3 mittelgroße Kohlrabi (450 g), 2 kleine Zwiebeln, 1/8 l Frugola-Brühe, 20 g Becel-Margarine, 4 Hähnchenbrüste (à ca. 150 g), 1 Töpfchen Kerbel, 1 Becher Joghurt.

Gemüse putzen und waschen. Möhren in dünne, schräge Scheiben schneiden. Kohlrabi halbieren und in ebenfalls dünne Scheiben schneiden. Zwiebeln schälen und fein würfeln. Gemüse und Zwiebeln in eine flache Porzellanform einschichten und mit Brühe übergießen. Becel in Flöckchen auf das Gemüse setzen und garen. Hähnchenbrüste waschen, trockentupfen, mit Frugola würzen und auf das Gemüse legen. Alles zusammen dann garen lassen. Kerbel waschen, abtropfen lassen und bis auf ein Paar Blättchen zum Garnieren fein hacken und unter den Bioghurt mischen. Den Kerbeljoghurt über die Hähnchenbrüstchen geben und erneut überbacken.

29. Gurkenschnitten mit Quarkfüllung
4 kleine Salatgurken, 4 Zwiebeln, 2 Knoblauchzehen, je ½ Bund glatte Petersilie, Schnittlauch und Dill, 2 Schälchen (à 250 g) Speisequark (20 % Fett i. Tr.), ½ Becher (250 g) fettarme Dickmilch, 2 Eßl. Becelöl, 12 Scheiben Lachsschinken (à 10 g). Zum Garnieren: 4 Radieschen, 1 Kästchen Kresse.
Gurken gründlich waschen, trockentupfen, einen Deckel abschneiden. Kerne mit einem Teelöffel entfernen. Gurkendekkel grob raspeln. Zwiebeln und Knoblauch schälen. Zwiebeln fein würfeln, Knoblauch zerdrücken. Kräuter waschen, gut abtropfen lassen und fein hacken. Quark, Dickmilch und Öl mit einem Schneebesen glattrühren. Gurkenraspel, Zwiebel, Knoblauch und Kräuter unterheben. Kräuterquark in die Gurkenschiffchen füllen. Radieschen waschen, putzen und in Scheiben schneiden. Kresse kurz abspülen. Beides im Wechsel auf den Quark setzen. Gurken und Schinken auf einer Platte anrichten.

f) Rezepte für Nachspeisen zu Eiweißmahlzeiten

1. **Alle Obstarten,** die in der Tabelle nach S. 32 unter saurem Obst eingetragen sind.
2. **Apfelringe**
Runde Apfelscheiben dünstet man in der Pfanne mit Wasser fast weich und gibt kurz vor dem Anrichten etwas Öl zu, damit es sich erwärmt.
3. **Quark mit Kirschen**
Süßen Quark treibt man durch ein Sieb und vermischt ihn mit Rosinen und entsteinten süßen Kirschen. Vorzüglich eignet sich hierzu die schwarze Herzkirsche.
Oder man vermischt den durchgetriebenen Quark mit Rosinen und abgezogenen, zerkleinerten Pfirsichen oder Erdbeeren.
4. **Schlagrahmspeise**
Zerkleinerte Früchte wie Erdbeeren, Himbeeren oder Pfirsiche vermischt man mit Rosinen und Schlagfit und läßt sie im Kühlschrank auskühlen.
5. **Eis**
Eis aus Schlagfit, Korinthen und Früchten (Himbeeren und Erdbeeren).

(Siehe weitere Rezepte im „Anhang" Seite 136)

II. Kohlehydratmahlzeiten

Zu diesen passen weder Fleisch noch Fisch, noch Eier oder Milch, auch kein saures Obst, aber Heidelbeeren, Pilze und Bananen, zu den Salaten kein Essig, keine Zitrone.

a) Kartoffelspeisen

1

Grüner Salat
Gemüsesuppe
grünes junges Bohnengemüse
gefüllte Kartoffeln 1. Art (S. 57, Nr. 1)
Heidelbeeren und Schlagfit

2

Rohgemüsesalat
gefüllte Kartoffeln 2. Art (S. 57, Nr. 4)
Schlagfitspeise

3

Salat
Kartoffelsuppe
Pellkartoffeln auf dem Rost
Lauchstangen
Butter oder Becel

4

Rohgemüsesalat
Kartoffelbrei
Öl mit Zwiebeln
rohes Sauerkraut ohne Äpfel
gebratene Bananen

5

Rohgemüsesalat
Bauernfrühstück (S. 57, Nr. 2)
Heidelbeeren mit Zucker

6

Rohgemüsesalat
Kümmelkartoffeln, Quark

7

Gemüsesuppe
Kartoffelpfannkuchen (nur mit Eigelb)
Heidelbeerkompott

8

Quarkküchlein mit Salat (S. 58, Nr. 7)

b) Mehlspeisen

1	Rohkostsalat	
	Brotauflauf	(S. 59, Nr. 1)
2	Grünkernsuppe mit gerösteten Weckbrötchen	
	Dampfnudeln	(S. 59, Nr. 2)
	Heidelbeeren	
3	Rohkostsalat	
	Grünkernschnitten	(S. 59, Nr. 3)
	Tomatensalat	
	Bananen-Creme mit Tomaten	(S. 65, Nr. 5)
4	Vollkornbrot mit Butter	
	Vitam-R oder Quark	
	Tomaten und Gurkenscheiben	
	Bier oder Kräutertee	
5	Rohkostsalat	(S. 67)
	Grünkernpudding	(S. 60, Nr. 6)
6	Heidelbeeren mit Zucker	
	Haferflocken mit Karotten	(S. 61, Nr. 10)
7	Hafersuppe	
	Hefepfannkuchen mit Heidelbeeren	(S. 60, Nr. 8)
8	Rohkostsalat	(S. 67)
	Zwiebelpastete	(S. 60, Nr. 5)
9	Rohkostsalat	
	Weißkrautbratlinge	(S. 60, Nr. 7)
10	Rohgemüse	(S. 68)
	Vollkornnudelauflauf	(S. 63, Nr. 17)
	Pilztunke	
11	Rohgemüse	
	Salat	
	Gefüllte Kohlrabi	

12
Rohgemüse
Salat, Pilze
Rührei von Eigelb

13
Rohgemüse
Gemüsebrühe mit Nudeln (S. 69, Nr. 2)
Heidelbeertaschen (S. 62, Nr. 13)

14
Rohkost
Vollkornbrei aller Art

c) Reisspeisen

1
Tomatensalat
Gemüsebrühe mit Reis (S. 69, Nr. 2)
Reis mit gedämpften Pilzen (S. 64, Nr. 8)

2
Rohkostsalat
Reisauflauf (S. 63, Nr. 1)

3
Rohkostsalat (S. 67)
Reisküchelchen (S. 63, Nr. 2)

4
Rohkostsalat
Gemüsereis (S. 63, Nr. 3)

5
Rohkostsalat
Gemüsebrühe
Reisschichtspeise (S. 64, Nr. 5)

6
Rohkostsalat
Gemischtes Gemüse auf Reis (S. 64, Nr. 6)

7
Grüner Salat
Gemüsebrühe mit Frugola würzen für Suppe
Gemischtes Gemüse auf Reis

8
Grüner Salat
Safranreis mit Pilzen (S. 64, Nr. 8)

d) Rezepte für Kohlehydratmahlzeiten

Rezepte für Kartoffelspeisen

1. **Gefüllte Kartoffeln** (1. Art)

   Gut gebürstete Kartoffeln brät man im Backofen, zieht ihnen die Haut ab und höhlt sie aus. Die ausgehöhlten Kartoffelmassen treibt man durch ein Sieb, vermischt diese Masse mit gebratenem Speck, gebratenen Zwiebeln, mit Eigelb, Petersilie, Glutamat, füllt damit die ausgehöhlten Kartoffeln und erwärmt sie noch einmal im Ofen.

2. **Bauernfrühstück**

   In eine mit Butter ausgestrichene Auflaufform gibt man schichtweise gekochte, in Scheiben geschnittene Kartoffeln, Zwiebeln, die man mit Speckwürfeln gedünstet hat, und sauren Rahm. Zum Schluß gibt man auf den Auflauf kleine Butterflocken und wärmt ihn im Ofen.

3. **Gemüseauflauf**

   Man gibt in eine gefettete Auflaufform abwechselnd gekochte, in Scheiben geschnittene Kartoffeln, gedämpfte Gemüse wie Karotten, Erbsen, Bohnen, Wirsing oder Gemüsereste mit gedünsteten Zwiebeln, zuletzt Kartoffeln mit Butterflöckchen und überbackt alles.

4. **Gefüllte Kartoffeln** (2. Art)

   Rohe Kartoffeln höhlt man aus, füllt sie mit feingeschnittenen, gedämpften Zwiebeln und gehackten Pilzen, setzt sie in eine Auflaufform, bestreut sie mit Butterflöckchen und brät sie im Backofen gar.

5. **Kartoffelbrei**

   a) Mehlige, gekochte Kartoffeln treibt man durch ein Sieb, verrührt sie in einer Schüssel mit kochendem Wasser und etwas Butter oder Rahm.
   b) Man treibt gekochte Salzkartoffeln durch ein Sieb, vermischt sie mit dem Abgießwasser und etwas Butter oder Rahm.
   c) Man vermischt gekochte, geriebene Kartoffeln mit Eigelb, Meeressalz, feingewiegter Petersilie und etwas Kartoffel-

mehl, gibt die Masse in eine geschlossene Puddingform und kocht sie im Wasserbad ½ Stunde.

6. Kartoffelküchelchen

Reste von Kartoffelbrei oder gekochten, 24 Stunden vorher ausgekühlten, geriebenen Kartoffeln vermischt man mit Kartoffelmehl, Eigelb und feingewiegten Kräutern, formt Küchelchen und backt sie auf beiden Seiten braun.

7. Quark-Küchlein

24 Stunden vorher gekochte, geriebene Kartoffeln vermischt man zu gleichen Teilen mit trockenem Quark, würzt mit Zucker und Rosinen und formt aus der Masse kleine Frikadellen, die man in der Pfanne brät.

8. Kartoffeln in der Schale

Kleinere Kartoffeln werden gut gebürstet, ungeschält halbiert, auf der Schnittfläche mit Kümmel bestreut und auf einem mit Butter bestrichenen Blech im Backofen etwa ¾ Stunde gebakken (Schnittfläche nach oben).

9. Würzkartoffel

Kartoffel (Salatware) in Dampf garen, erkaltet schälen und auf der groben Reibe reiben.
Zwiebel fein gehackt in Becel-Öl glasig werden lassen, Kartoffel zugeben, mit viel gemahlenem Kümmel, etwas Knoblauchgranulat, Frugola und wenig Salz würzen.
Mit grünem oder gemischtem Salat servieren.

10. Warme Kartoffelwurst

200 g frisch gekochte Kartoffeln schälen und durch ein Sieb drücken, 2 Eigelb darin vermischen, die Masse halbieren.
Einen Teil mit Curry und etwas Salz, die andere Hälfte mit Frugola würzen. In 2 Lagen übereinanderlegen, zu einer Wurst rollen.
Geölte Alu-Folie stark mit gemahlenem Kümmel bestreuen, Wurst einrollen, 20 Min. im Rohr backen.
Aufschneiden, mit Spinat und Tomatensalat servieren.

11. **Zucchini, gefüllt mit Kartoffelpüree**
750 g Kartoffeln, 4 große Zucchini, 1 Zwiebel, 50 g durchwachsener geräucherter Speck, 60 g Becel-Öl, 1/4 l Bioghurt, 1 Bund Petersilie, Frugola.
Kartoffeln schälen, waschen und 20 Min. kochen. Zucchini putzen, waschen, je einen dünnen Deckel abschneiden und mit einem Kugelausstecher aushöhlen, dabei kleine Kugeln formen. Die Deckel in dünne Streifen schneiden. Ausgehöhlte Zucchini in Wasser mit Frugola 5 Min. kochen. Zwiebeln schälen, fein würfeln. Speck ebenfalls würfeln und in 20 g Becel knusprig anbraten. Zwiebeln kurz mit andünsten. Kartoffeln abgießen, durch die Kartoffelpresse drücken oder stampfen und mit dem Speck-Zwiebel-Gemisch verrühren. Mit Frugola abschmecken. In einen Spritzbeutel ohne Einsatz füllen und die Zucchini damit füllen. Restliches Fett für die Béchamelsauce erhitzen, etwas Mehl darin anschwitzen und mit Bioghurt ablöschen. Unter Rühren aufkochen lassen. Zucchinikugeln und -streifen zugeben, ca. 5 Min. darin kochen. Petersilie waschen, trockentupfen, fein hacken und bis auf 1 Teel. in die Sauce rühren. Gemüsesauce auf eine tiefe Platte geben, Zucchini darauf legen. Mit der restlichen Petersilie bestreuen und kurz im Backofen übergrillen.

12. **Kartoffel-Champignon-Auflauf**
100 g Kartoffeln, 500 g Champignons, 2 Zwiebeln, 2 Eßl. Becel-Margarine, Frugola, 2 Becher saure Sahne, 2 Eigelb.
Die Kartoffeln waschen und in Salzwasser ca. 30 Min. kochen, heiß pellen und nach dem Erkalten in Scheiben schneiden. Die Champignons waschen und in Scheiben schneiden. Zwiebeln schälen und in Ringe schneiden. Beides kurz anbraten und würzen. Die Auflaufform ausfetten. Kartoffelscheiben und das Pilz-Zwiebel-Gemüse abwechselnd einfüllen. Die oberste Schicht sollen Kartoffeln sein. Saure Sahne mit den zwei Eigelb verrühren. Über den Auflauf gießen und diesen im vorgeheizten Backofen (200 Grad) etwa 30 Minuten überbacken.

Mehlspeisen-Rezepte

1. **Brotauflauf**
100 g Schwarzbrot, 5 Eßlöffel Wasser, etwas Rahm, 2 Eigelb, 4 Eßlöffel Zucker, 50 g Butter, Rosinen und Nüsse nach Geschmack:

Man überbrüht das Brot mit kochendem Wasser und vermischt es, wenn es vollständig erweicht ist, mit allen Zutaten und backt den Auflauf bei mittlerer Hitze.

2. Dampfnudeln

400 g Weizenschrot, 125 g Butter, 110 g Zucker, 3 Eigelb, 30 g Hefe, 1/8 Liter Wasser mit Sahnoghurt:

a) Aus dem wie üblich bereiteten Teig, den man fingerdick ausrollt, sticht man runde Stückchen, die man mit Eigelb bestreicht und nach dem Gehen backt.

b) Man läßt in einem eisernen Topf ein Glas Wasser mit etwas Butter und Salz kochen, setzt die wie oben vorbereiteten Dampfnudeln hinein und läßt sie auf sehr schwachem Feuer etwa 20 Minuten backen, bis sie zischen.

3. Grünkernschnitten

250 g Grünkernflocken, 1/4 Liter Wasser, 3 Eßlöffel Semmelbrösel, 40 g Hefe, feingewiegte Petersilie, 1 Zwiebel, 1 Eßlöffel Öl, etwas Frugola und Vollkornmehl:

Die Flocken läßt man in dem Wasser aufquellen, fügt die Hefe und alle Zutaten dazu, formt kleine Frikadellen aus der Masse und backt sie. Man kann unter diese Frikadellen auch durchgemahlene Gemüsereste mischen.

4. Weizenschrotbrötchen

1 Pfund Weizenschrot, 1/2 Pfund Weizenmehl, 30 g Hefe, 1/2 Liter Wasser, 50 g nicht raffinierter Zucker oder 1 bis 2 Teelöffel Bienenhonig, 7 g Salz oder ohne Zucker mit etwas Salz, 2 Eiern und etwas Mehl:

Diesen Teig läßt man 1/2 Stunde stehen, formt aus ihm kleine Brötchen, die man nochmals gehen läßt und bei guter Hitze backt.

5. Zwiebelpastete

200 g Roggenmehl, 100 g Weizenmehl, 150 g Butter, 2 Eigelb, Salz, 1/2 Tasse Wasser, feingeschnittene Zwiebeln und Pilze zur Füllung:

2/3 des Teiges gibt man in eine gefettete Auflaufform, belegt ihn mit den Pilzen, die man in Zwiebeln gedünstet und mit Eigelb und Büchsenmilch vermischt hat. Nun gibt man den Rest des Teiges als Deckel darauf und backt die Pastete im Bratofen. Man kann die Pastete statt mit Pilzen auch mit Sauerkraut füllen.

6. Grünkernpudding mit Rosinen

150 g Grünkernschrot, 80 g Vollkornbrot, 2 Eßlöffel Butter, 3 Eßlöffel braunen Zucker, 2 Eigelb, 50 g vorgeweichte Rosinen:
Man schüttet das Grünkernschrot in ½ Liter kochendes Wasser und läßt es abkühlen. Auch das Vollkornbrot überbrüht man mit etwas kochendem Wasser und vermischt beides mit den angegebenen Zutaten. Man füllt die Masse in eine gut vorbereitete Puddingform und kocht sie im Wasserbad ¾ Stunde.

7. Weißkrautbratlinge

4 Pfund Weißkraut, 8 Eßlöffel gemahlenen Grünkern, eine Zwiebel, Öl, etwas Vollkornmehl, Eigelb und die erforderlichen Gewürze wie Meeressalz, Frugola und Paprika:
Das Weißkraut zerteilt man in Blätter, brüht es ab, mahlt es durch, mischt es mit den Zutaten und läßt es ½ Stunde stehen. Dann formt man Bratlinge, dreht sie in Weckmehl und backt sie in Fett.

8. Hefepfannkuchen

1 Pfund Mehl, Wasser nach Bedarf, 20 g Hefe, eine Prise Salz: Füllung: 250 g Quark, 1 Eigelb, einige Rosinen, 2 Eßlöffel Zucker:
Man bereitet von den angegebenen Zutaten einen dünnflüssigen Teig, backt daraus in einer mit Öl gefetteten Pfanne hauchdünne Pfannkuchen und füllt sie mit dem zubereiteten Quark. Diese Pfannkuchen müssen heiß gegessen werden. Statt der Quarkfüllung kann man Pilze, Heidelbeeren oder Hagebuttenmark nehmen.

9. Zwiebelbrötchen

Aufgeschnittene Weizenschrotbrötchen bestreicht man mit Öl und gedünsteten Zwiebeln und überbackt sie im Backofen.

10. Haferflocken mit Karotten

5 Eßlöffel Haferflocken oder Hafermark, 5 bis 6 geriebene Karotten und 125 g geriebene Haselnüsse, etwas Honig und ⅛ Liter Wasser:
Das Hafermark läßt man 10 Minuten im Wasser weichen und vermischt es dann mit allen Zutaten.

11. Schrotgebäck

250 g Schrotmehl, 100 g Weizenmehl, 150 g Zucker, 80 g Butter, 2 Eigelb, 1 Teelöffel Backpulver, 1 Vanille:
Man sticht aus dem Teig kleine Kuchen. Beim Backen verlaufen diese etwas.

12. Linzertorte mit Haferflocken

3/4 Pfund Mehl, 1/2 Pfund Haferflocken, 1/4 Pfund Butter, 125 g Zucker, Zimt, Nelken, Zitronenschale, 2 Eigelb, 1 Backpulver:
Es werden 2 verschiedene Teige gemacht.
1. Teig: Auf dem Nudelbrett werden Butter und Haferflocken so miteinander gewirkt, bis sie sich vermengt haben. Dann legt man den Teig beiseite.
2. Teig: Alle übrigen Bestandteile wie Mehl, Zucker, Gewürze, Backpulver und Eigelb vermischen. Es darf für den Teig so viel Mehl genommen werden, wie erforderlich ist. Jetzt werden beide Teige zusammen verwirkt. 3/4 des Teiges rollt man auf einem Butterbrotpapier aus, das die Größe der Backform hat und streicht Heidelbeermarmelade auf, nachdem man noch einen Rand um den Teigboden gelegt hat. Vom Rest des Teiges legt man ein Gitter obenauf.

13. Gefüllte Taschen

125 g Weizenmehl, 125 g Weizenschrotmehl, 130 g Butter, 1 Tasse Wasser, 1 bis 2 Eßlöffel Rahm, etwas Salz, 1 Teelöffel Backpulver:

a) Von diesen Zutaten macht man einen Teig, rollt ihn aus und schneidet Vierecke, die man mit Heidelbeeren füllt und übereck zusammenklappt. Man backt sie bei mäßiger Hitze.
b) Man kann dieselben Taschen auch mit Quark und Rosinen füllen als Quarktaschen.

14. Käseauflauf

125 g Butter, 200 g Zucker, 250 g trockenen Quark, 2 Eigelb, etwas Vanille, 60 g gehackte Mandeln, 60 g Sultaninen, 300 g Vollkornmehl, 1/2 Backpulver, nach Bedarf etwas Wasser:
Butter und Zucker werden miteinander verrührt, dann gibt man Quark, Eigelb, Vanille, Mandeln, Sultaninen und zuletzt das mit dem Vollkornmehl vermischte Backpulver hinzu. Man backt das Ganze in einer Auflaufform. Man kann den Käseauflauf auch kalt essen.

15. Käsekuchen

Teig wie bei den gefüllten Taschen Nr. 13

Belag: 750 g Quark, 1/8 Liter Rahm, 200 g Zucker, 2 Eigelb, 1 Päckchen Vanille-Puddingpulver, 1 Teelöffel Backpulver, 60 g Rosinen:

Mit dem Teig Nr. 13 belegt man den Boden einer Springform. Dann verrührt man den Quark mit dem Rahm, den man auch durch Wasser ersetzen kann, gibt Zucker, das Eigelb, die Rosinen und zuletzt das mit dem Backpulver vermengte Puddingpulver darunter. Das Ganze gibt man auf den Teig und backt bei mäßiger Hitze. Nach dem Backen läßt man den Kuchen noch 1/4 Stunde im abgedrehten Ofen stehen, damit er nicht zusammenfällt.

16. Quarkklöße

21/2 Pfund Quark, 1/4 Pfund Mondamin, 1/4 Pfund Mehl, 1 Eigelb, 2 Eßlöffel Zucker, 1 Messerspitze Salz:

Trockener Quark wird mit den Zutaten vermengt. Die daraus geformten Klöße kocht man in Salzwasser gar.

17. Vollkornnudelauflauf

Man kocht die Nudeln in Salzwasser ab, gibt davon eine Lage in die Auflaufform und bestreut sie mit Flocken von Kräuterdoppelrahmkäse. Dann übergießt man sie mit einer Mischung von 2 Eigelb, Büchsenmilch und 2 Eßlöffel Mehl. Man überbackt das Ganze im Bratofen und bekommt einen Auflauf mit herrlich brauner Farbe.

Reisspeisen-Rezepte

1. Reisauflauf

300 g Naturreis läßt man in Wasser aufkochen und quellen, fügt, nachdem er abgekühlt ist, 4 Eigelb, 50 g Zucker, 1/4 Liter süßen Rahm, 50 g Sultaninen und 2 in Scheiben geschnittene Bananen dazu, füllt alles in eine Auflaufform und belegt es mit Butterflöckchen. Man backt das Ganze bei mäßiger Hitze.

2. Reisküchelchen

300 g Naturreis läßt man in Wasser aufkochen und quellen, vermischt ihn mit Gemüseresten, formt kleine Küchelchen daraus, die man in Paniermehl wälzt und in der Pfanne backt.

3. Gemüsereis

300 g Naturreis, 2 Pfund Spargel, 30 g Butter:
Spargel schneidet man in Stücke, kocht ihn, läßt den Reis in dem Spargelwasser aufkochen und quellen, füllt Reis und Spargel abwechselnd in eine mit Butter ausgestrichene Auflaufform, setzt Butterflöckchen darauf und backt alles bei mittlerer Hitze.

4. Reis mit Blumenkohl

Den Blumenkohl zerpflückt man in Röschen und kocht ihn halb gar. In dem Blumenkohlwasser läßt man den Reis aufkochen und quellen, füllt beides abwechselnd mit angebratenen Speckstückchen in eine Jenaer-Glasform (vorher einfetten), belegt mit Butterflöckchen und überbackt den Auflauf.

5. Reisschichtspeise

300 g Naturreis, ½ Liter Wasser, ¼ Liter süßen Rahm, Füllung: Nüsse oder Bananen oder Heidelbeeren:
Den Reis läßt man in dem Wasser aufkochen und quellen, bis er trocken ist, vermischt ihn mit dem Rahm und füllt abwechselnd Reis und Früchte in eine Glasform.

6. Gemischtes Gemüse auf Reis

Fertig zubereitetes Gemüse, zum Beispiel Spargel, grüne Erbsen, Karotten, richtet man auf einem Reisberg an, übergießt alles mit zerlassener Butter und streut feingewiegte Petersilie darüber.

7. Reis nach Trautmannsdorf

Den in Wasser aufgekochten, gequollenen Reis mit Zucker und etwas Rum mischen, Gelatine zugeben und mit Schlagrahm und zerdrückten Bananen mischen.

8. Safranreis mit Pilzen

Man dünstet den Reis in Öl und Zwiebeln, gibt Wasser oder Gemüsebrühe daran und würzt mit Safran. Sehr gut schmeckt Safranreis mit gedünsteten Pilzen.

e) Rezepte für Nachspeisen zu Kohlehydratmahlzeiten

1. Quark mit Rosinen

Man treibt den Quark durch ein Sieb, untermischt ihn mit Zucker, Rahm, einem Eigelb, etwas geriebenen Haselnüssen und vorgeweichten Sultaninen.

2. Gebratene Bananen

Man teilt die Bananen längs in der Mitte, brät sie in Butter an und bestreut sie beim Anrichten mit gehackten Mandeln oder Nüssen.

3. Heidelbeeren mit Schlagsahne

Man bestreut die Heidelbeeren mit nicht raffiniertem Zucker, läßt sie kurze Zeit durchziehen und richtet sie dann mit Schlagfit an.

4. Bananen-Schnee

2 Pfund reife Bananen werden zerquetscht und nach Geschmack gesüßt. Man rührt ¼ Liter steif geschlagenes Schlagfit und Vanille darunter. Man kann die Creme mit geschälten und geriebenen Mandeln verzieren.

5. Bananen-Creme mit Tomaten

1½ Pfund reife Bananen, 1 Pfund reife Tomaten, 50 g geriebene Mandeln, ¼ Liter Schlagfit:
Man überbrüht die Tomaten mit kochendem Wasser, zieht die Haut ab und schneidet sie in Scheiben. Auch die Bananen schneidet man in Scheiben, legt sie abwechselnd mit den Tomaten auf eine Glasplatte, bestreut sie mit den Mandeln und gibt den steif geschlagenen Rahm darüber.

6. Vanille-Creme

½ Liter Schlagfit, 70 g Zucker, 4 Eigelb, etwas weiße Gelatine:
Einen kleinen Teil des Schlagfits erwärmt man und läßt darin ausgeschabte Vanille ausziehen, rührt das Eigelb mit dem Zucker schaumig, fügt die Vanille mit dem Schlagfit dazu, dann die in heißem Wasser gelöste Gelatine, zuletzt steif geschlagenen Rahm. Gelatine muß stets in kaltem Wasser eingeweicht, dann durch Erhitzen unter Rühren gelöst werden,

und dies am besten in Glas- oder Porzellangefäßen. Kein Metall verwenden, damit die Gelatine nicht vorschmeckt!

7. Schlagrahm mit Bananen

Man zerquetscht reife Bananen, würzt gesüßtes Schlagfit mit Vanille und mischt beides. Das ergibt eine schnell zu bereitende, sehr gute Nachspeise.

8. Bananes flambées

Eine besonders leckere Bananenspeise.
Man gibt Zucker in eine Pfanne, bräunt ihn vorsichtig, darüber gibt man Bananenhälften und einige geschnittene Nüsse oder Mandeln, die man leicht mitrösten läßt, darüber ein kleines Stück Butter und zum Schluß, wenn die Butter zergangen ist, etwas Alkohol, wie Bols oder Kirsch oder Cognac, aber nur ganz kleine Mengen. Dann steckt man das Ganze mit einem Streichholz an und brennt den Alkohol in Schräghalte ab.

a) Darauf nimmt man die Bananenhälften mit den Nüssen und dem Bratenansatz heraus.
b) Man kann auch zwischen den Bananenhälften Gefrorenes servieren, das aus Eigelb, Schlagfit und Vanillezucker hergestellt wurde.

9. Vanille-Eis

4 Eigelb, 65 g Zucker, ½ l Sahne, Vanille.

10. Nuß-Eis

Man fügt dem vorherigen Rezept 150 g Haselnüsse zu.

11. Schokoladen-Creme

120 g geriebene Schokolade, ¼ l Schlagfit, ⅛ l Wasser, 3 Eigelb, 1 Eßlöffel brauner Zucker:
Man koche die Schokolade langsam 10 Minuten, füge das mit dem Zucker geschlagene Eigelb hinzu, erhitze unter Rühren im Wasserbad 20 Minuten.
Nach dem Abkühlen setze man geschlagenes Schlagfit hinzu und serviere in Gläsern.

(Siehe weitere Rezepte im „Anhang“ Seite 138)

III. Salate und Rohkostplatten

1. Verbindung von Salaten — neutral

a) Kleingeschnittene Blumenkohlknospen mariniere man in Grund- oder Tomatentunke und breite sie dann in der Mitte einer Unterlage von ebenfalls vorher angerichtetem grünem Salat aus. Oder man kann beide Gemüsearten vermischen.

b) Grüner Salat mit Gurken, Tomaten, Radieschen, Rettich, Karotten u. a. werden in gleicher Weise vermischt angerichtet.

c) Man vermische gleiche Teile geschnittenes Weißkraut mit gehacktem Sellerie und Grund-Tunke und serviere auf grünem Salat.

2. Salate zu Eiweißmahlzeiten

a) Sellerie-Karotten-Salat
1 Tasse geriebene Karotten, 1½ Tassen geschnittenen grünen Salat, ½ Tasse gewiegten Sellerie, ¼ Tasse geriebene Nüsse, 2 Eßlöffel Zitronensaft, ½ Tasse Mayonnaise:
Man mische Sellerie, Karotten und Nüsse mit dem Zitronensaft, füge die Mayonnaise hinzu und serviere auf grünem Salat.

b) Andere Verbindungen
Karotten und Äpfel zu gleichen Teilen
Sellerie und Äpfel
Karotten, Äpfel, Sellerie und feingeschnittener Lauch
⅓ Rettich, ⅔ Äpfel
Weißkraut, Rotkraut oder Sauerkraut
zu ⅔ und ⅓ Äpfel
Sellerie, Rosinen, Äpfel
Sellerie, Äpfel, Nüsse

c) Etwas Öl und Zwiebel erhitzen, feingewiegtes Sauerkraut darin schütteln, feingeschnittene Äpfel daran geben, etwas erwärmen.

d) Besonders gut: rohe geriebene Karotten, etwas feingeschnittene Orangen

3. Rohkostverbindungen — neutral

Karotten — grüne Erbsen
Karotten — Weißkraut — Kopfsalat
Sellerie — Tomaten — Kopfsalat oder Endiviensalat
Sellerie — Rote Bete — Schwarzwurzeln
Sellerie — Rote Bete — Äpfel
Sellerie — Tomaten — Champignons
Spargel — Rote Bete — Kopfsalat
Tomaten — Gurken — Kohlrabi
Tomaten — Champignons
Gurken — Rettich — Tomaten
Gurken — Fenchel — Kohlrabi
Weißkraut — Tomaten
Weißkraut — Rote Bete — Fenchel
Rettich — Schwarzwurzeln
Rotkraut — Karotten — Blattsalat
Rettich — Porree

IV. Suppen

1. Gemüse-Grundbrühe

Verschiedene Gemüse, zum Beispiel Karotten, Kohlrabi, Porree, etwas Sellerie, einige Zwiebeln werden geschnitten, in kaltem Wasser aufgesetzt und langsam gedünstet. Diese Brühe gibt man durch ein Sieb, läßt sie abkühlen, fügt gewiegte Petersilie hinzu und stellt sie bis zum Gebrauch kühl. Man kann auch Tomaten mitdünsten, darf aber dann die Brühe nur zu einer Eiweißmahlzeit essen.

2. Gemüsebrühe

Hat man im Winter wenig frisches Gemüse, kocht man folgende Brühe: Man dämpft Sellerie, Karotten, Porree, Zwiebeln in etwas Fett, Öl oder Speck, füllt Wasser auf und kocht alles langsam, bis die Gemüse weich sind. Die Brühe würzt man mit Meeressalz, Glutamat und wenig Paprika, gibt zum Schluß gewiegte Petersilie hinzu und genießt sie heiß. Will man sie zu Suppen verwenden, so läßt sie sich auch kurze Zeit kühl aufbewahren.

3. Gemüsesuppe

mit rohen Kartoffeln

Verschiedene Gemüse, wie sie die Jahreszeit bringt, dämpft man zusammen mit feingeschnittener Zwiebel in Fett und mit kleinen Speckwürfeln, füllt Wasser auf und läßt die Suppe langsam kochen. In die fertige Suppe gibt man, solange sie noch kochend ist, eine oder zwei roh geriebene Kartoffeln, die aber nun nicht mehr mitkochen dürfen. Man würzt die fertige Suppe mit Frugola, Meeressalz und nach Belieben auch mit Paprika.

4. Grüne-Bohnen-Suppe

2 Pfund zarte Bohnen zieht man ab, schneidet sie in kleine Stücke, dämpft sie in Öl mit etwas Butter, fügt so viel Wasser bei, daß die Bohnen halb weich kochen können und füllt dann mit Milch auf, um die gewünschte Suppe zu erhalten. Sind die Bohnen weich, gibt man Meeressalz und in Butter gedünstete Zwiebelstückchen in die Suppe. Vor dieser Suppe kann man rohes Obst essen.

5. Hafersuppe

Man kocht 4 Eßlöffel Hafermark mit Wasser und der unter 3. genannten Gemüsebrühe und würzt nach Geschmack. Oder man kocht das Hafermark, an dessen Stelle man auch Weizenflocken nehmen kann, in Wasser kurz auf, fügt in Wasser vorgeweichte Sultaninen bei und schmeckt die Suppe mit süßem Rahm ab.

6. Zwiebelsuppe

Fein gewiegte Zwiebeln dünstet man in Butter, füllt mit Gemüsebrühe auf, läßt alles kurz aufkochen und würzt mit Frugola. Vor dem Anrichten zieht man die Suppe mit Schlagfit und Eigelb ab.
Zu Eiweißmahlzeiten kann man geriebenen Käse überstreuen.

Auf dieselbe Weise bereitet man:

7. Lauchsuppe

8. Kerbelsuppe

An all diese Suppen kann man eine rohe Kartoffel reiben, solange sie noch heiß sind. Die Kartoffel selbst darf nicht mehr kochen. So zubereitet, passen sie aber nicht zu Eiweißmahlzeiten.

V. Tunken, Mayonnaisen

1. Grundtunke

3 Eßlöffel Olivenöl, 1 Eßlöffel Zitronensaft werden geschüttelt und geschlagen, nachdem man mit etwas Meeressalz und Frugola gewürzt hat, bis eine gleichmäßige Verbindung hergestellt ist.
Dieser Grundtunke kann man nach Belieben Gewürze oder Kräuter beifügen, zum Beispiel Tomatenmark, feingewiegten Dill oder allerlei feingewiegte Küchenkräuter.

2. Pikante Tomatentunke

1 Pfund reife Tomaten, etwas Öl, eine Zwiebel, Meeressalz, wenig Zitronensaft, Basilikum, Salbei, Paprika, Frugola und 1 Knoblauchzehe (ausgepreßt):
Man dämpft die feingeschnittene Zwiebel mit Öl hellgelb, fügt die zerkleinerten Tomaten bei und später ½ Liter Wasser oder so viel, wie man benötigt. Man würzt mit den angegebenen Zutaten, am besten im Mixer o. ä.
Diese Tunke ist vorzüglich zu gekochtem Huhn oder gedämpftem Fisch.

3. Butter-Tunke

Zu 50 g Butter füge man unter Schlagen nacheinander 3 Eigelb, Salz, Zitronensaft und 50 g heißes Wasser hinzu, koche im Wasserbad unter stetem Rühren.

4. Pikante Tunke

Zwiebeln, Karotten, Zitronengurken, 1 Eßlöffel Kapern, Pilze, 1 Eßlöffel Fett und ca. 50 g Büchsenmilch, etwas Sellerie und Zitronensaft:
Die angebratenen gedünsteten Zutaten werden sämig gekocht und durchgesiebt. Dann wird die Tunke mit Rahm und Cenovis abgeschmeckt.

5. Paprika-Tunke

2 große grüne Paprikaschoten, 1 Zehe Knoblauch, 1 Eßlöffel Olivenöl, 1 Teelöffel Butter, 3 Tomaten oder 1 Eßlöffel Tomatenmark, etwas Zitronensaft:

Die Paprikaschoten wie üblich vorbehandeln, in feine Streifen schneiden und in Öl andünsten. Man füge die anderen Zutaten hinzu und lasse die Tunke 1 Stunde ziehen und schmecke mit Zitronensaft und Selleriesalz ab.

6. Holländische Tunke

50 g Butter, 1 Eßlöffel Mehl, 2 Eigelb und Gemüsebrühe:
In die zerlassene Butter rührt man das Mehl, füllt auf und schmeckt mit Salz und Frugola ab, nimmt vom Feuer und gibt das Eigelb mit dem Schneebesen darunter.

7. Mayonnaise

a) *2 Eßlöffel Olivenöl, Saft einer Zitrone, 2 rohe Eigelb, etwas Meeressalz:*
Alle Zutaten müssen gut gekühlt sein. Man verrührt Eigelb und Meeressalz und fügt tropfenweise Öl und Zitronensaft bei. Die Mayonnaise wird durch Zugabe von Bioghurt verfeinert und verlängert; sie muß kühl gestellt werden.

b) *5 Eßlöffel Olivenöl, 5 Eigelb, Saft einer Zitrone, etwas Meeressalz, 5 Eßlöffel Wasser:*
Alle Zutaten verrührt man, schlägt sie, bis die Masse dicklich ist und stellt sie bis zum Gebrauch in den Kühlschrank. Man kann sie je nach Belieben durch verschiedene Zutaten verändern, zum Beispiel durch Paprika und Tomatenpüree oder gewiegte Kräuter.

VI. Gemüse

1. Gedämpfte Gurken

Eine Gurke, etwas Öl, Zwiebeln, Meeressalz und Frugola: Man schält die Gurke, schneidet sie in große Würfel und dünstet sie zusammen mit Öl und Zwiebeln, übergießt sie mit wenig Wasser, läßt die Gurkenstücke weich dünsten und würzt mit Meeressalz und Frugola.

2. Gebackener Blumenkohl

Einen Blumenkohl zerteilt man in Röschen, kocht diese halb gar, paniert sie in Sojamehl, das man vorher mit Wasser angerührt hat, und backt sie in Öl.

3. Gemüse-Sülze

Gemüsestücke legt man in eine mit Öl ausgestrichene Jenaer-Glasform, übergießt sie mit der mit Zitrone gewürzten und mit Gelatine gedickten Gemüsebrühe und stellt sie kalt. Man kann die Sülze stürzen oder in Stücke schneiden.

4. Schwarzwurzeln mit Rahm

a) Man kocht die geschnittenen Schwarzwurzeln in Wasser, gibt sie auf ein Sieb und läßt sie abtropfen.
Dann erwärmt man süßen Rahm, gibt die Schwarzwurzeln hinein und läßt sie langsam ziehen. Von der Schwarzwurzelbrühe kocht man eine Suppe.

b) Man dämpft die vorbereiteten Schwarzwurzeln in Butter, füllt mit wenig Wasser, dann mit Sahne auf und läßt die Schwarzwurzeln weich kochen.

c) Man kann von beiden Arten auch einen Auflauf unter Zugabe von Eigelb herrichten.

5. Bayerisch-Kraut

Etwas Speck und Zwiebeln glasig werden lassen, das gehobelte Kraut hineingeben, mit ganz wenig Wasser und etwas Weißwein (evtl. etwas Obstessig) aufgießen, nicht zu weich dünsten.
Mit ganzem oder gemahlenem Kümmel, etwas Meersalz, Frugola und Süßstoff würzen.

6. Paprika-Gemüse

Kleingeschnittene grüne Paprika zu gleichen Teilen mit Äpfeln und Tomaten sowie etwas Zwiebeln vorsichtig, unter Zugabe von ganz wenig Wasser dünsten.
Abschmecken mit: Kümmel, gemahlen, Paprika, Tomatenpulver, Thymian, Knoblauch, Basilikum, Frugola, Meersalz.

7. Fenchel

Fenchel halbieren, in wenig Meersalz-/Zitronenwasser weichdämpfen. Mit folgender Sauce übergießen:
Sojamehl mit Becel leicht bräunen, mit etwas Wasser auffüllen. Thymian, Frugola, Schmelzkäse hineingeben (löst sich auf).
Zum Schluß das Gericht mit gehacktem Fenchelkraut bestreuen.

8. Zucchini

Zwiebeln in Becel-Öl glasig dünsten, Zucchinischeiben dazu, ganz kurz dämpfen.
Mit Zitronensaft, Knoblauch, gemahlenem Kümmel, Tomatenpulver, Kerbel, Petersilie, Frugola und Meersalz würzen.

Roher Zucchini-Salat mit Melone:
Becel-Öl, Süßstoff, Apfelessig, etwas granulierter Knoblauch, Frugola, Meersalz.

9. Brokkoli natur

Brokkoli putzen, im Dampfdruck-Topf auf das gelochte Sieb legen.
Viel gemahlenen Kümmel und etwas Frugola in die Röschen einstreuen. Ca. 5—8 Min. im Dampf garen mit etwas zerlassener Butter (Becel) beträufeln. (Zu Kartoffelbrei servieren.)

Zu den Gewürzen ist folgendes zu sagen:

Zweckmäßiger als reines Kochsalz ist zum Würzen das Selleriesalz, das nur 6 % Kochsalzgehalt hat. Alle Speisen können durch einheimische und ausländische Gewürzkräuter erheblich verbessert werden. Zu den gebräuchlichsten *einheimischen* Kräutern zählen: Basilikum Beifuß, Bohnenkraut, Borretsch, Dill, Estragon,

Fenchel, Kerbel, Knoblauch, Kümmel, Lavendel, Lauch, Majoran, Petersilie, Pfefferminze, Pimpinelle, Salbei, Schnittlauch, Sellerie, Thymian, Wermut und Zwiebeln. Von den *ausländischen* Gewürzen nehmen wir meist: Curry, Muskatblüte, Nelken, Paprika, Kardamon und Zimt.

Auch Wildkräuter stehen uns zur Verfügung:

Brennessel, Brunnenkresse, Löwenzahn, Sauerampfer, Schafgarbe.

Besser ist es, Wildkräuter ohne andere Gewürze zu verwenden.

VII. Brotaufstriche

1. Butter mit Kräutern vermischt

Man wiegt verschiedene Küchenkräuter fein, löst wenig Frugola in Tomatensaft auf und vermischt alles langsam mit warmgestellter Butter*). Man stellt den Aufstrich bis zum Gebrauch kalt.

2. Butter mit Eigelb

Gekochtes Eigelb zerdrückt man, solange es noch warm ist, mit einer Gabel und gibt nach und nach Butter*) dazu und zuletzt feingewiegten Schnittlauch. Auch diesen Aufstrich kann man nach Belieben mit etwas Frugola würzen.

Merke:

1. Es wird geraten, die Salate ohne Säure anzumachen, da sie dann besser bekommen. Man nehme Öl, Frugola, Kräuter und den neutralen Obstessig für die Tunke, Buttermilch oder Dickmilch.
2. Alle Rezepte sind für 4 bis 5 Personen gedacht.
3. Krebskranke sollten Fleisch durch Quark ersetzen, da sie meist Fleisch nicht mögen.
4. Zum Waschen und Kochen von Obst, Salat und Gemüsen empfiehlt sich Biosmon aus dem Reformhaus.
5. Saures Obst sollte ab dem Mittagessen nicht mehr genossen werden, weil es sich mit Kohlehydraten nicht gut verträgt.

Wer ab 15 Uhr Kohlehydrate ißt und um 18 Uhr die letzte Kohlehydratmahlzeit, braucht um 22 Uhr auf seinen abendlichen Apfel nicht zu verzichten. Vorausgesetzt, daß er keine verlangsamte Verdauung hat und demzufolge lieber saures Obst wegläßt und eine Banane vorzieht.

---

*) Statt Butter nimmt man besser naturbelassene Pflanzenfette (Eden, Vitaquell, Jungborn, Reform-Pflanzen-Fettkost u. ä.).

Trenn-Kost heißt Trennung von Eiweiß und Kohlehydraten innerhalb einer Mahlzeit

z. B. morgens:	1 Müsli — 1—2 Eßlöffel Magerquark, etwas heiße Milch ½ Eßlöffel Weizenkeime 1 Teelöffel Linusit (Reformhaus) 1 geriebener Apfel 1 Teelöffel Becel-Öl oder Distelöl oder ein anderes pflanzliches, kaltgeschlagenes Öl oder Vollkornbrot, Butter wie üblich und evtl. Quark, Gemüsesaft, da manche weder Milch noch Quark vertragen.	
z. B. mittags:	eine Art von — Fleisch Fisch Käse Eier Milch Quark	dazu eine gekochte Gemüseart (s. Mitte der Tabelle nach Seite 32) und eine Obstart (s. rechts in der Tabelle) als Nachtisch. Auch Quarkspeisen als Nachtisch oder mit saurem Obst, Natreen und Gelatine.
z. B. abends:	eine Art von — Getreide Brot Nudeln Reis Kartoffeln Grünkohl Quark	dazu eine Gemüseart und Rohsalate zum Sättigen, als Beilage Magerquark oder Schinken oder Cervelat- oder Blutwurst oder Allgäuer-Fleisch. Nachtisch aus: Bananen, Feigen, Rosinen, Nüssen, Honig, Rübensirup in irgendeiner Form oder gebackene Bananen mit Nüssen. Quarkspeisen mit Heidelbeeren oder Sanddornsaft oder Buttermilch, mit Bananen gequirlt und Bioghurt.

Mit der Trenn-Kost geheilte Fälle

Wie sich die Haysche Trenn-Kost in der Praxis auswirkt, zeigen die folgenden Krankengeschichten.

Es folgen verschiedene Fälle mit Testkurven (Somatogrammen) vor und nach der Behandlung, wobei außer der Trenn-Kost noch andere Medikationen (durch Hinweise in den Testkurven) gegeben werden konnten. Die Auswirkungen dieser Behandlungen ergeben sich aus den folgenden Fällen. Die Therapiekontrollen erfolgten jeweils durch die Croonsche Diagnostik.

Aus den den folgenden Krankengeschichten beigefügten Testkurven erkennen Sie deutlich die Abweichungen von der Norm bei Erkrankungen, aber auch die allmähliche Normalisierung der Kurven bei Besserung des Krankheitsbildes.

Wir bringen zunächst die **normale** Kurve eines gesunden 12jährigen Mädchens.

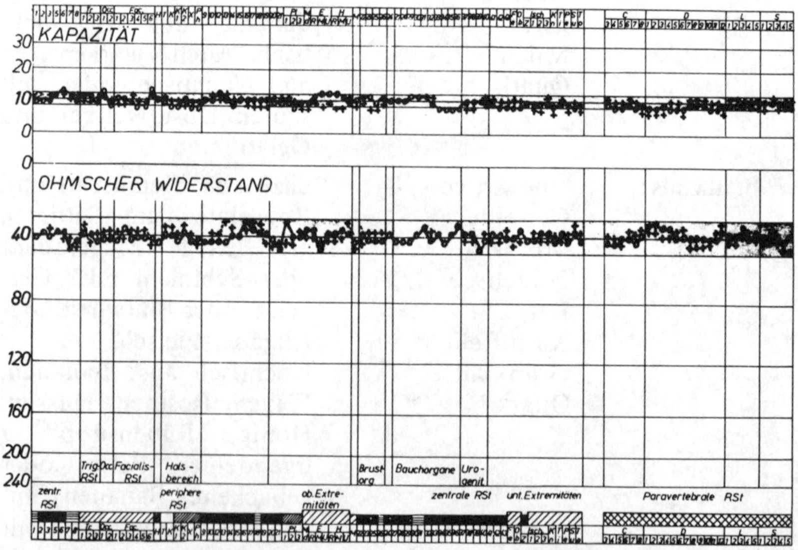

Abb. 1: Gesundes 12jähriges Mädchen. Alle Meßwerte liegen im Normalbereich. Bei krankhaften Geschehen ändern die Reaktionsstellen ihre elektrischen Werte.

Fall 1 (Nierenentzündung): 1939 versuchte ich mit Saftfasten und Bircher-Ernährung, eine Nephrose mit beginnender Schrumpfniere bei einem 9jährigen Jungen, dem Sohn einer meiner Freunde, zu heilen, was mißlang. Nach dem Saftfasten fiel zwar das Eiweiß, um aber bei Bircher-Vollkost sofort wieder anzusteigen.

Eine Saft-Fastenkur von mehr als 6 Wochen glaubte ich bei einem 9jährigen Jungen nicht verantworten zu können und übergab daher das Kind Prof. VOLHARD, der auf diesem Gebiet als Kapazität galt. Nach der Entfernung der Mandeln trat ebenfalls keine Besserung ein. VOLHARD hielt das Kind für verloren und machte einen letzten Versuch in Heluan (Ägypten). Das Kind erreichte aber durch die Hitze weder eine bessere Harnausscheidung, noch senkte sich das Eiweiß, im Gegenteil, es stieg auf 20 ‰ an, und im gleichen Maße sank die Harnausscheidung. *Rinderserum* und *Glykokoll,* die nach Heluan gesandt wurden, nahmen dem Kind völlig den Appetit und versagten in ihrer Wirkung.

1939 lernte meine Frau durch eine amerikanische Verwandte die Ernährung nach Howard HAY kennen. HAY begann infolge seiner eigenen Nierenerkrankung ein neues Denken über richtige Ernährung und heilte damit tatsächlich seine Brightsche Nierenerkrankung. Meine Frau übersetzte sein Werk ins Deutsche, und wir beschlossen, das inzwischen aus Afrika zurückgekehrte Kind mit der Hayschen Trenn-Kost zu behandeln.

Erstaunliches geschah: Das Eiweiß fiel bereits nach der ersten Mahlzeit um die Hälfte. Danach fiel es langsamer, aber in dem Maße wie es fiel, stieg die Harnausscheidung ohne Zugabe auch nur eines einzigen Medikamentes an. Da die Ernährung nach HAY mit ihrem Reichtum an Obst und Gemüse im Kriege in Deutschland nicht durchführbar war, wurde der Junge nach Davos gegeben. Als auch VOLHARD einen Teil seiner Patienten in Davos nach meinen Angaben ernähren ließ, wurden die Devisen vom Reich genehmigt. Der Junge kehrte als 19jähriger guter Sportler und Skiläufer aus der Schweiz gesund in die Heimat zurück.

Dieser Fall zeigt augenscheinlich, daß Nierenkranke erfolgreich mit Trenn-Kost behandelt werden können.

Um Mißverständnissen vorzubeugen, muß jedoch darauf hingewiesen werden, daß bei weit fortgeschrittenen Nierenfunktionsstörungen andere Maßnahmen erforderlich sind, die eine nephrologische Behandlung erforderlich machen.

Fall 2: Ein 64jähriger Mann, Herr D. aus K., alleinstehender Witwer, war wegen chron. Nierenentzündung, Niereninsuffizienz, Wassersucht, nephrotischen Syndroms mit „ofenrohrähnlichen“ Beinschwellungen bis ins Genitale und die Hüftgelenkgegend behandelt worden (siehe Somatogramm S. 86/87).

Trotz täglicher Gaben von Entwässerungstabletten besserten sich seine Ödeme nicht.

Seine Laborwerte bei Aufnahme in meiner Klinik: BSG 117/123, Eiweiß im Harn 5 %, Kreatinin 4,5 mg%, Cholesterin 579 mg%, Ges.-Eiweiß im Blut 4 mg%.

Therapie: Durch Trenn-Kost, Elektroneuraltherapie und andere Maßnahmen wurden während des Aufenthaltes in meiner Klinik alle Ödeme ausgeschwemmt, er wurde beschwerdefrei entlassen.

Laborwerte bei der Entlassung nach 6 Wochen: Anstieg des Ges.-Eiweißes im Blut auf 6 %, Cholesterin auf 275 mg% normalisiert, Kreatinin auf 1,2 mg% gesunken (fast normal), BSG 22/30, der Harn war eiweißfrei. Gewichtsverlust 14 kg. Entwässerungstabletten waren nicht mehr nötig.

Weitere Besserung seit 2 Jahren. Alle Ödeme blieben ausgeschwemmt. Lebt streng nach Trenn-Kost und macht große Reisen (siehe Somatogramm bei der Entlassung, S. 87). Letzte Blutsenkung bei Kontrolluntersuchung im Juni 1980 BSG 17/30. Er kommentiert: „Ich kann schwimmen und tanzen, gehen und reisen und bin froh, meinen Haushalt selbst versorgen zu können.“

1. Test bei Beginn der Behandlung
2. Test bei Entlassung aus meiner Klinik

Fall 3: Eine 48 Jahre alte Diabetikerin, Frau K. aus M., kam mit Nierenentzündung. Sie konnte keine Hausarbeit mehr verrichten, die Zehen nicht mehr abrollen; Beinschwellung bis in Hüftgegend und Kreuz (siehe Somatogramm S. 88/89).

Nüchtern-Blutzucker 280 mg%, Harnsäure 9,3 mg%, Cholesterin 356 mg/%.

Täglich 86 Einheiten Insulin.

Bei der Entlassung aus meiner Klinik: Tägliche Insulingaben, nur noch 54 Einheiten, Nüchtern-Blutzucker 140 mg%, Harnsäure normalisiert, Blutfette ebenfalls, Gewichtsreduzierung 35 kg. Therapiekontrolle ergab das Somatogramm auf S. 89.

Fall 4: 45jähriger Mann, Pfarrer R. aus L., der vor 8 Jahren nach einem Sprung über einen Graben Fuß-, Knie-, Gelenk- und Kreuzschmerzen zurückbehielt, wurde 8 Jahre nach allen klinischen Methoden ohne Erfolg behandelt. Die Gehbehinderung nahm zu, er war berufsbehindert.

Er wurde ambulant mit Trenn-Kost behandelt und bekam Elektroneuraltherapie.

Er wurde nach ½jähriger ambulanter Behandlung beschwerdefrei und konnte die Orthopäden, die ihm den Rollstuhl prophezeit hatten, in Erstaunen versetzen (siehe Somatogramm S. 90/91).

Fall 5: Eine 38jährige, Frau D. aus G., war vor 5 Jahren bei einem Sturz auf das Steißbein gefallen, hat seit dieser Zeit laufend Schmerzen beim Stehen und Gehen und konnte nur einseitig sitzen.

Über 40 Einspritzungen in 7 verschiedenen Fachkliniken konnten keine Linderung bringen. Sie konnte den Haushalt nicht mehr versorgen, und ihre Ehe war gefährdet.

Die Patientin wurde von mir zuerst ambulant, dann stationär behandelt und **konnte nach insgesamt ca. 3monatiger Behandlung beschwerdefrei entlassen werden.** (Somatogramm vor und bei Entlassung siehe S. 92/93).

Ihre häuslichen Verhältnisse regelten sich.

Fall 6: 45jährige, Frau N. aus S., kam nach beidseitiger Endoprothesen-Operation (künstliche Hüfte) wegen andauernder postoperativer Nervenschmerzen in meine Behandlung (siehe Somatogramm S. 94/95).

Die Schmerzen rührten von einem eingeklemmten Nerv her. Sie hatte weder Halt noch Gefühl in den Beinen und konnte den Haushalt mit 3 Kindern nicht mehr versorgen.

Behandlung: ambulant mit Trenn-Kost und Elektroneuraltherapie und Neuraltherapie.

Ergebnis der Behandlung: Völlige Beschwerde- und Schmerzfreiheit.

Fall 7: 60jähriger Kraftfahrer, Herr D. aus B., kam erstmals mit Kopf-, Glieder- und Rückenschmerzen in meine ambulante Behandlung (siehe Somatogramm S. 96/97).

Er galt als Simulant und wurde von seinen Ärzten arbeitsfähig geschrieben. Kuren und andere Therapien brachten keine Besserung.

Er bekam als Therapie die Trenn-Kost, Elektroneuraltherapie, und Neuraltherapie nach HUNEKE.

Behandlungsergebnis nach 1/2 Jahr: Beschwerdefreiheit bis zu seiner Berentung mit 65 Jahren. Während er vorher als Simulant galt, war der Vertrauensarzt jetzt überzeugt, daß er kein Rentenjäger gewesen war.

Fall 8: Berufstätige Lehrerin, Frau R. aus G., mit Polyarthritis. Jahrelange übliche antirheumatische Therapie, auch mit Goldspritzen, in verschiedenen Kliniken brachte keine Linderung.

Kam mit BSG von 45/60 und erheblichen schmerzhaften Gelenkschwellungen in meine ambulante Behandlung (siehe Somatogramm S. 98/99). Sie bekam Trenn-Kost, die sie exakt durchführte, und Behandlung mit dem Croonschen Gerät.

Behandlungsergebnis nach 1/2 Jahr: Abschwellen aller Gelenke, Schmerzfreiheit. Sie konnte wieder Treppen steigen, ihren Beruf ausüben und Ski laufen.

Kontrolle nach 2 Jahren: Befund gleichbleibend gut.

Fall 9: 4jähriger Junge, K. aus H., mit bösartiger Schulterblattgeschwulst (Sarkom), operiert und bestrahlt, kam mit einem Rezidiv in meine ambulante Behandlung. Die Eltern gaben ihm auf Anraten die Trenn-Kost. Weiter erhielt er ambulant in Abständen die Elektroneuraltherapie.

Das Rezidiv heilte ab. Der Junge nahm an Gewicht zu. Laufende Kontrollen erfolgten mit dem Elektroneural-Somatogramm.

Es stellte sich heraus, daß mit Besserung des Somatogramms der Junge sich prächtig entwickelte und **seit 6 Jahren rezidivfrei ist. Letzte Kontrolle erfolgte 1980.**

Fall 10: 15jähriger Junge, V. aus W., mit Prostata-Sarkom, Geschwulst bis zur Nabelhöhle (siehe Somatogramm S. 100/101).

Vor über 10 Jahren kam er zunächst in ambulante Behandlung, da er nach klinischer Feststellung nur noch 3 Monate zu leben hatte.

Therapie: Trenn-Kost, Elektroneuraltherapie nach CROON und andere unterstützende Maßnahmen, **Wachstumsstillstand des Sarkoms,** urologische Kontrolle.

Ergebnis nach 10 Jahren: Verheiratet, Abteilungsleiter; trotz Tumor kann er diesen Beruf ausüben. Die klinische Intervalltherapie in meiner Klinik wird ihm immer von der Kasse befürwortet.

Fall 11: 43jähriger Mann, Herr O. aus Sch., konnte wegen Herzinsuffizienz, Asthma bronchiale und jahrelanger vergeblicher

Behandlung mit Antibiotika etc. bei verschiedenen Fachdisziplinen seinen Beruf als Architekt nicht mehr ausüben und war auf dauerndes Inhalieren und Medikamente, die kaum Linderung brachten, angewiesen (siehe Somatogramm, S. 102/103).

Wegen akuter Atemnot erfolgten sogar öfter Notarzteinweisungen.

Therapie: Trenn-Kost, Elektroneuraltherapie, leichte medikamentöse Unterstützung.

Ergebnis: Beschwerdefrei seit 1/2 Jahr.

Fall 12: 62jährige Arztfrau, B. aus B., hat 1977 monatelang wegen Pankreatitis in einer Universitätsklinik gelegen und wurde nicht beschwerdefrei entlassen. Sie konnte weder ihren Haushalt versorgen, noch in der Praxis ihres Mannes mithelfen. Sie sollte sich damit abfinden.

2 Jahre später kam sie erstmalig in meine ambulante Behandlung. Pathologisch waren das Ergebnis des Sekretintestes sowie das EKG. Es bestanden zusätzlich ein Lungenemphysem sowie Aortensklerose.

Pathologisch jedoch war vor allem das Elektroneural-Somatogramm bei Beginn der Behandlung. Ultraschall-Untersuchung: Verdacht auf chron. Pankreatitis, Pankreas in allen Teilen vergrößert.

Therapie: Trenn-Kost, Elektroneuraltherapie und unterstützende Maßnahmen.

Ergebnis nach 1/2 Jahr: Volle Leistungsfähigkeit. („Ich konnte wieder arbeiten wie eh und je.")

Erst- und Entlassungs-Somatogramm: Deutliche Besserung im Somatogramm (s. Seite 104/105) ersichtlich.

Diese 12 Fälle sind Auszüge aus einer Vielzahl ähnlich gelagerter Fälle mit dem gleichen oder ähnlichem Behandlungsergebnis, willkürlich aus einem Archiv von über 100 000 Fällen herausgegriffen, und sie geben einen Einblick in meine Therapiemaßnahmen und deren Auswirkung.

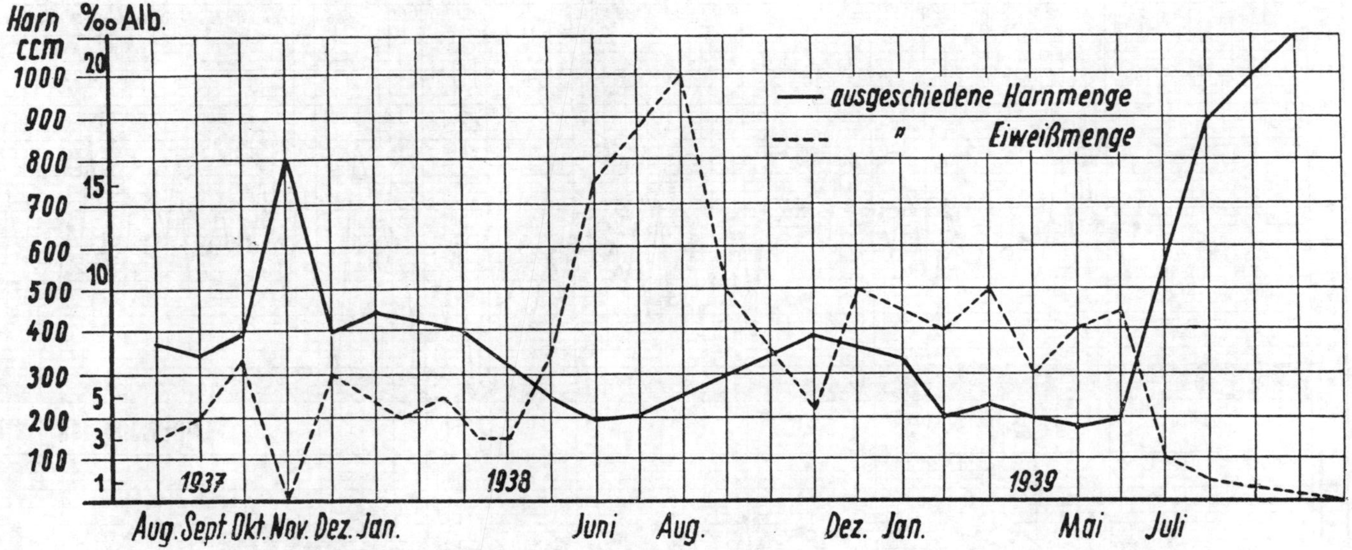

⟷ ← Ägypten → ← Davos →

10täg. Säftediät nach BIRCHER-BENNER

tgl. Medikamente:
120—150 ccm *Liqu. Kal. acetici*
40 ccm *Rinderserum*
20 g *Glykokoll*

← Hay-Kost →

Abb. 2: Erläuterungen zu Fall 1

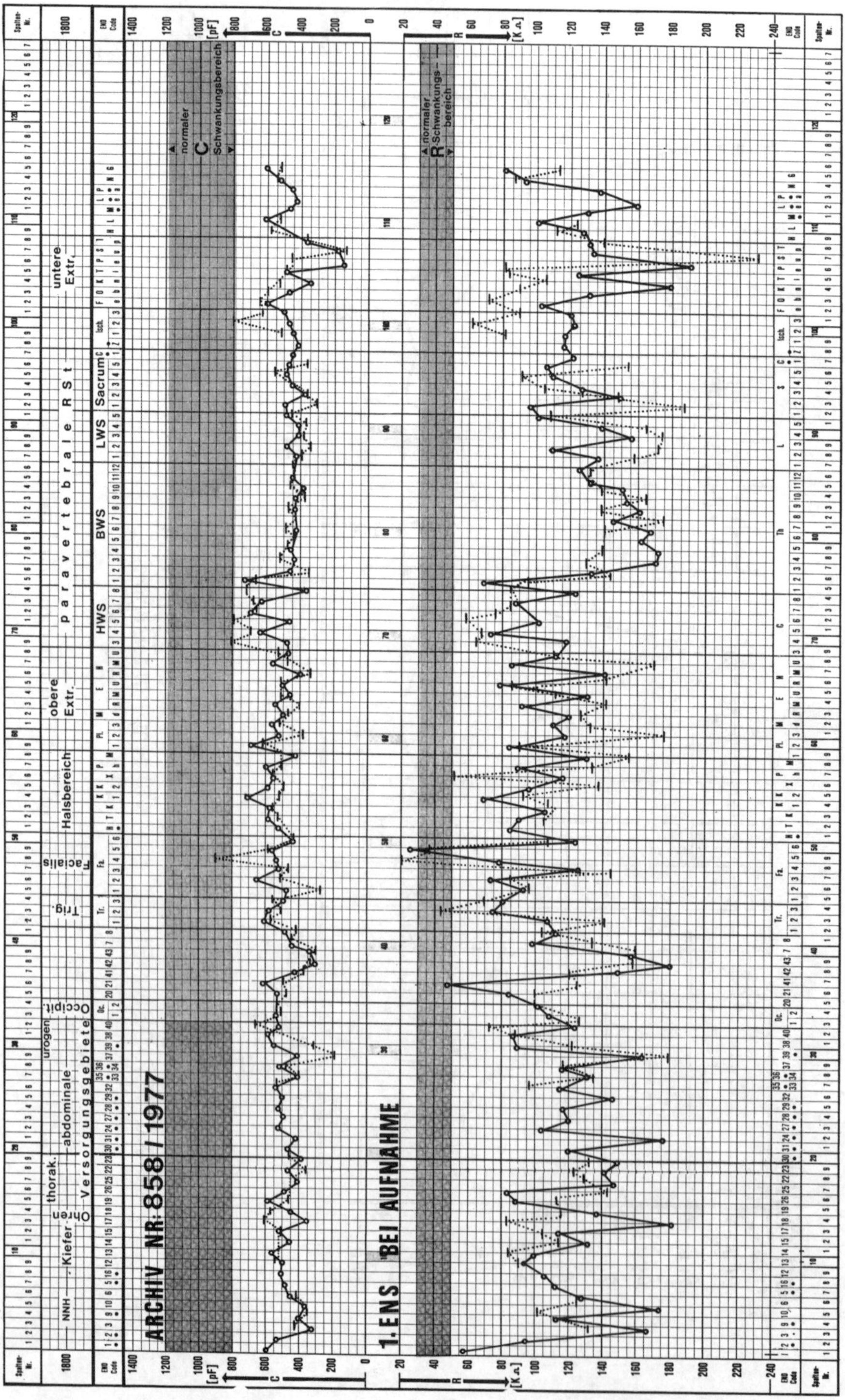
ARCHIV NR: 858 / 1977
1. ENS BEI AUFNAHME
normaler C Schwankungsbereich
normaler R Schwankungsbereich
[pF]
[K Ω]
Kiefer
Oren
thorak.
abdominale
urogen.
Occipit.
Versorgungsgebiete
Trig.
Facialis
Halsbereich
obere Extr.
paravertebrale RSt
HWS
BWS
LWS
Sacrum
untere Extr.

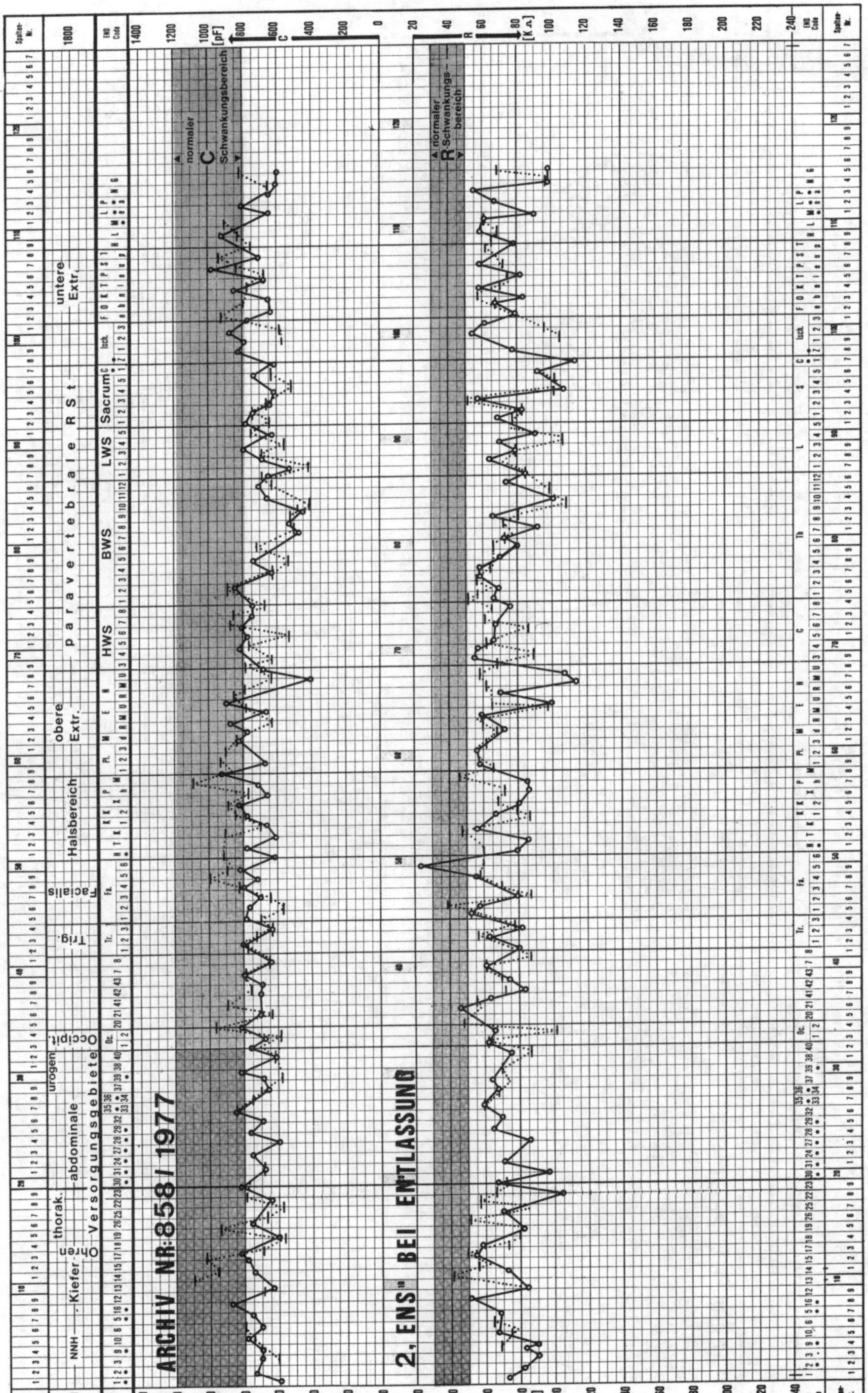

Abb. 3: Somatogramm zu Fall 2, Herr D. aus K., chron. Nierenentzündung, Niereninsuffizienz, Wassersucht, nephrotisches Syndrom.

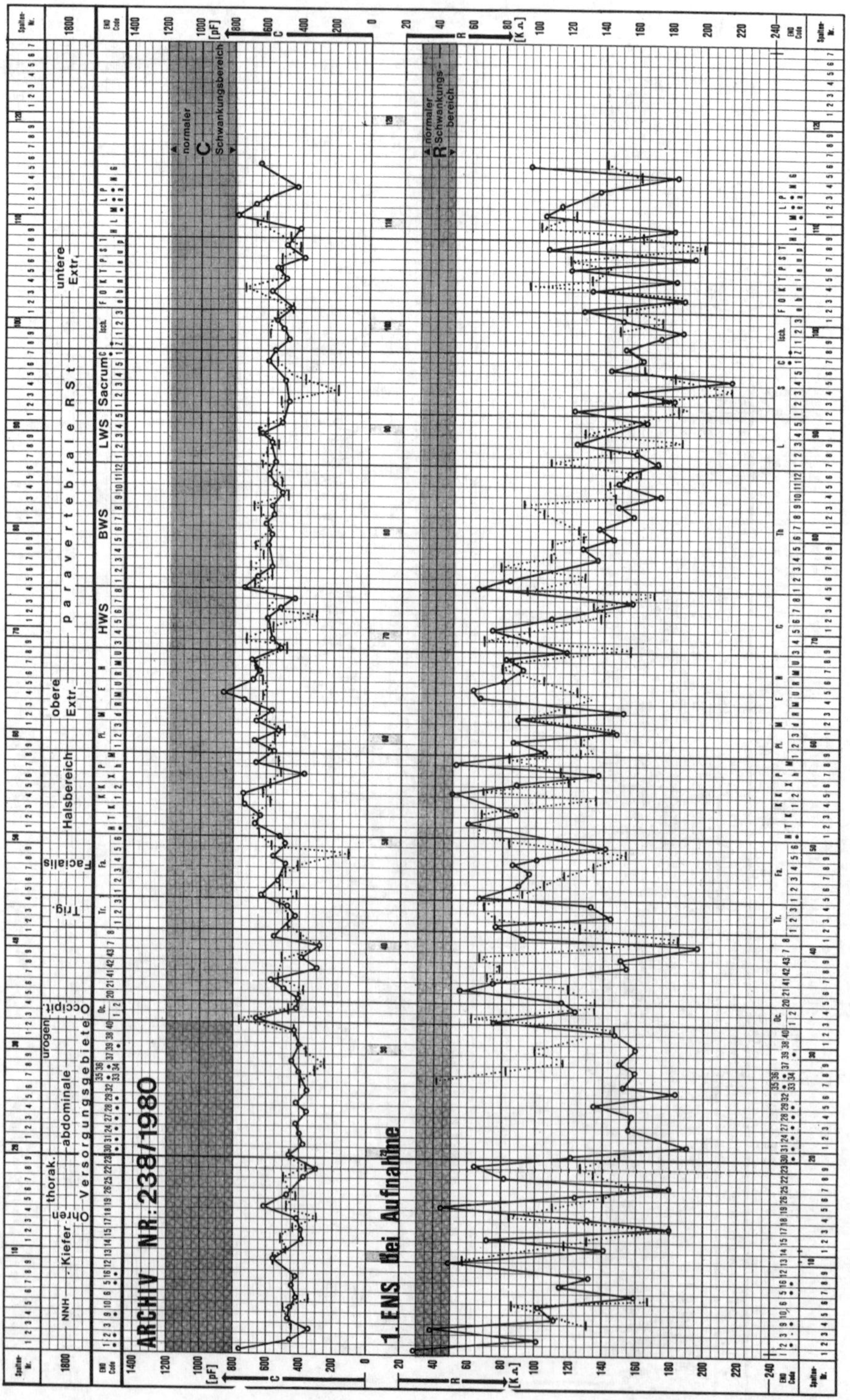
ARCHIV NR: 238/1980
1. ENS bei Aufnahme
normaler C Schwankungsbereich
normaler R Schwankungsbereich
paravertebrale RSt
Halsbereich
obere Extr.
untere Extr.

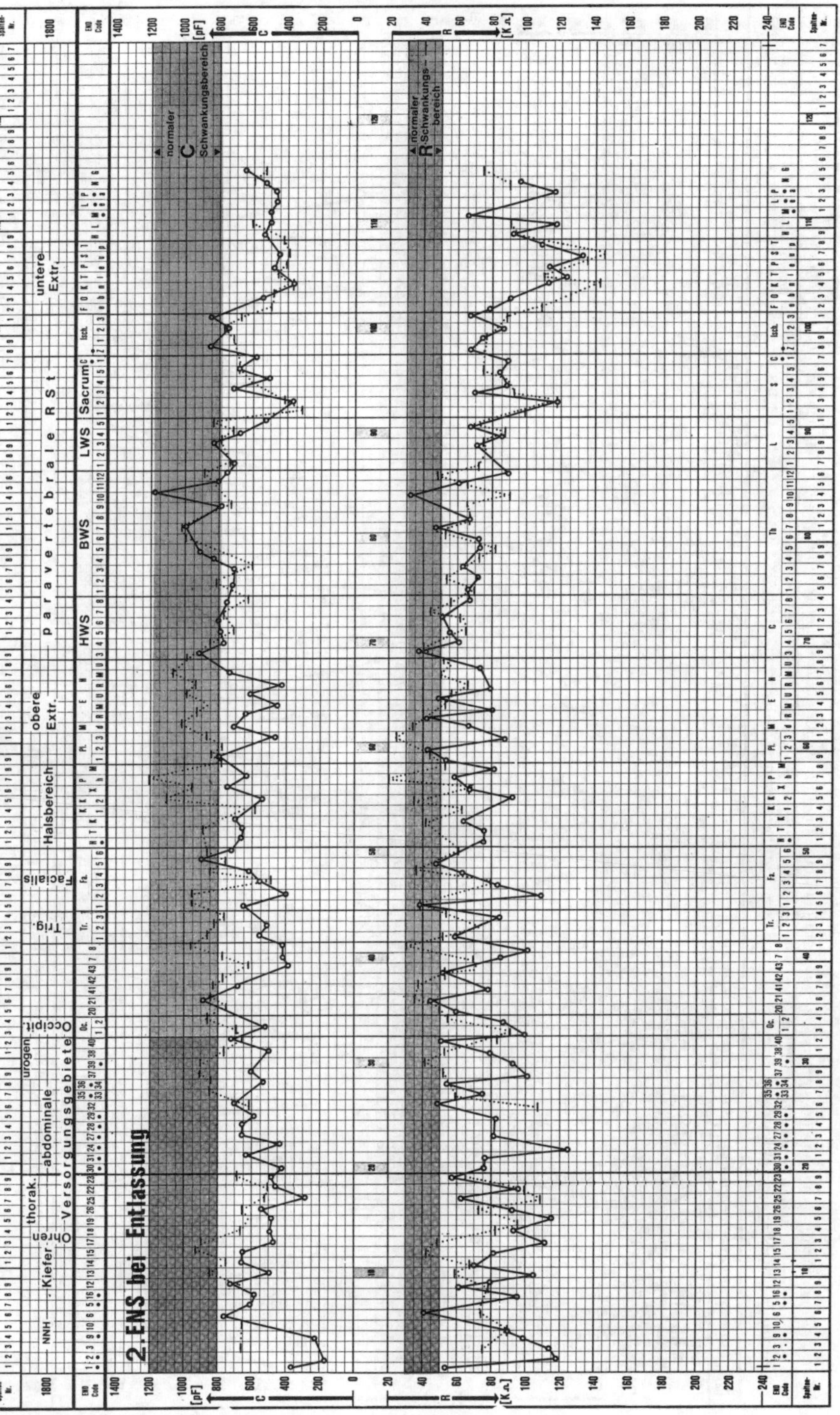

Abb. 4: Somatogramm zu Fall 3, Frau K. aus M., Nierenentzündung

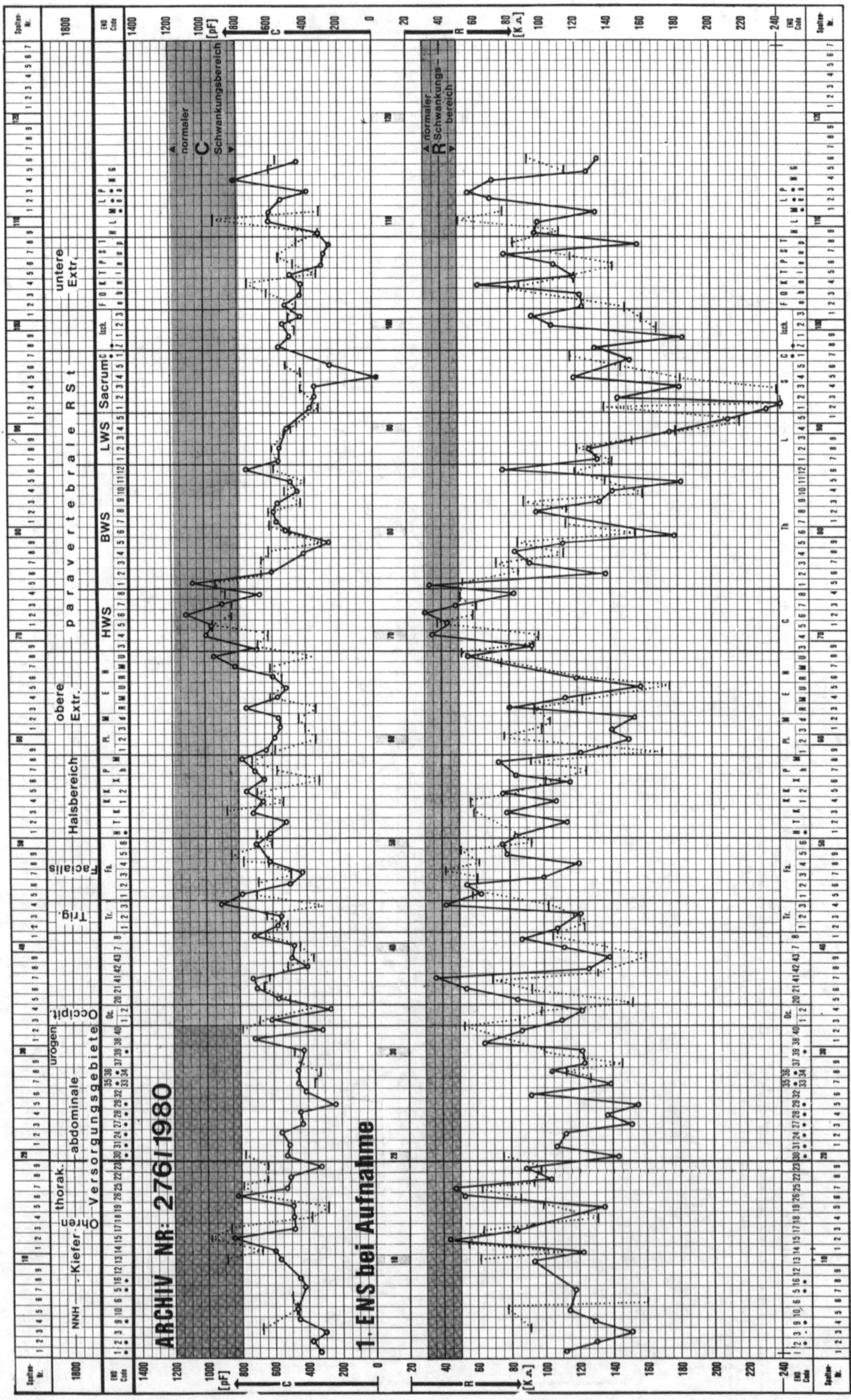
ARCHIV NR: 276/1980
1. ENS bei Aufnahme
normaler C Schwankungsbereich
normaler R Schwankungs-bereich
Versorgungsgebiete
p a r a v e r t e b r a l e R S t
Halsbereich
obere Extr.
untere Extr.
HWS
BWS
LWS
Sacrum

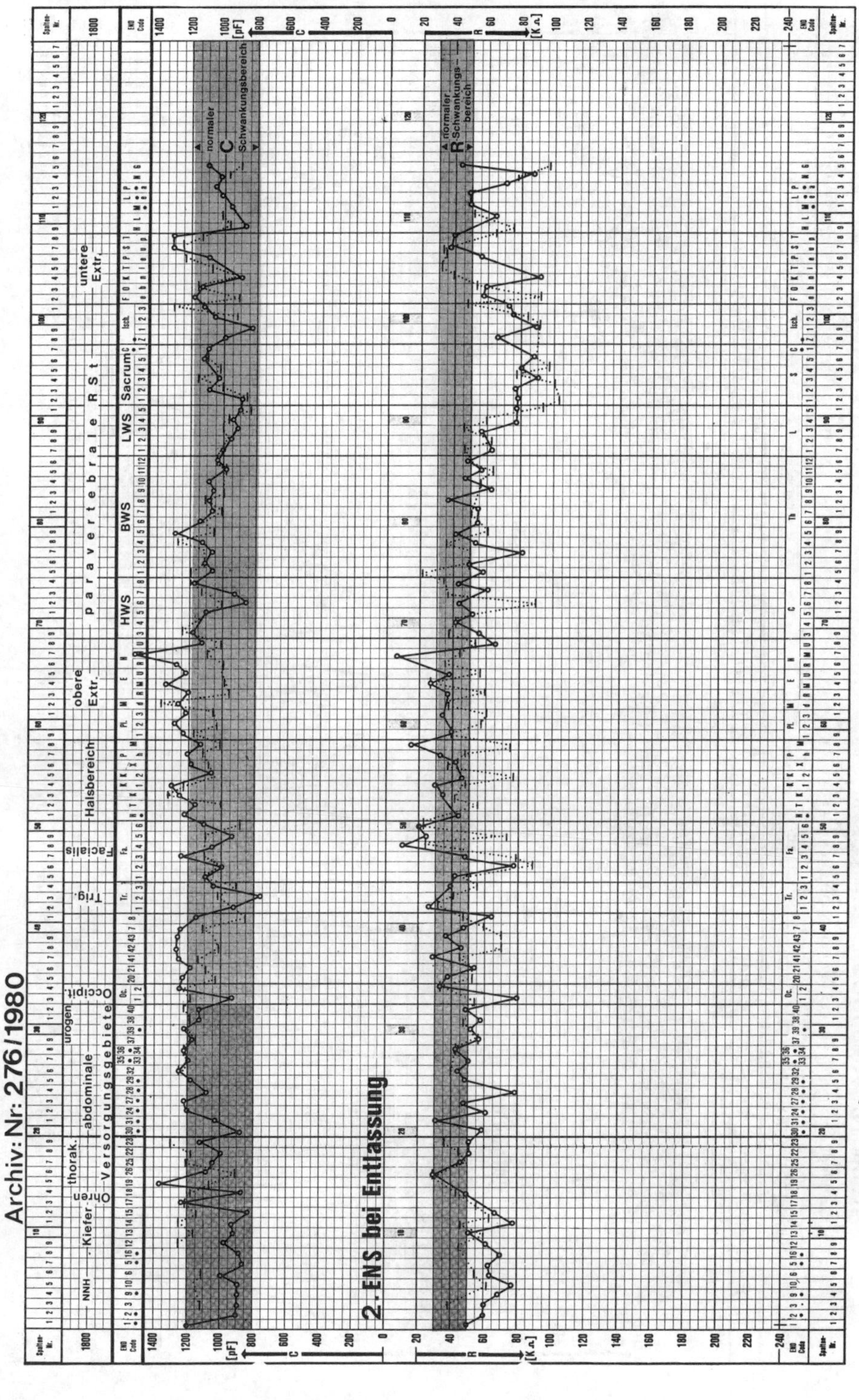

Abb. 5: Somatogramm zu Fall 4, Herr R. aus L., Fuß-, Knie-, Gelenk- und Rückenschmerzen.

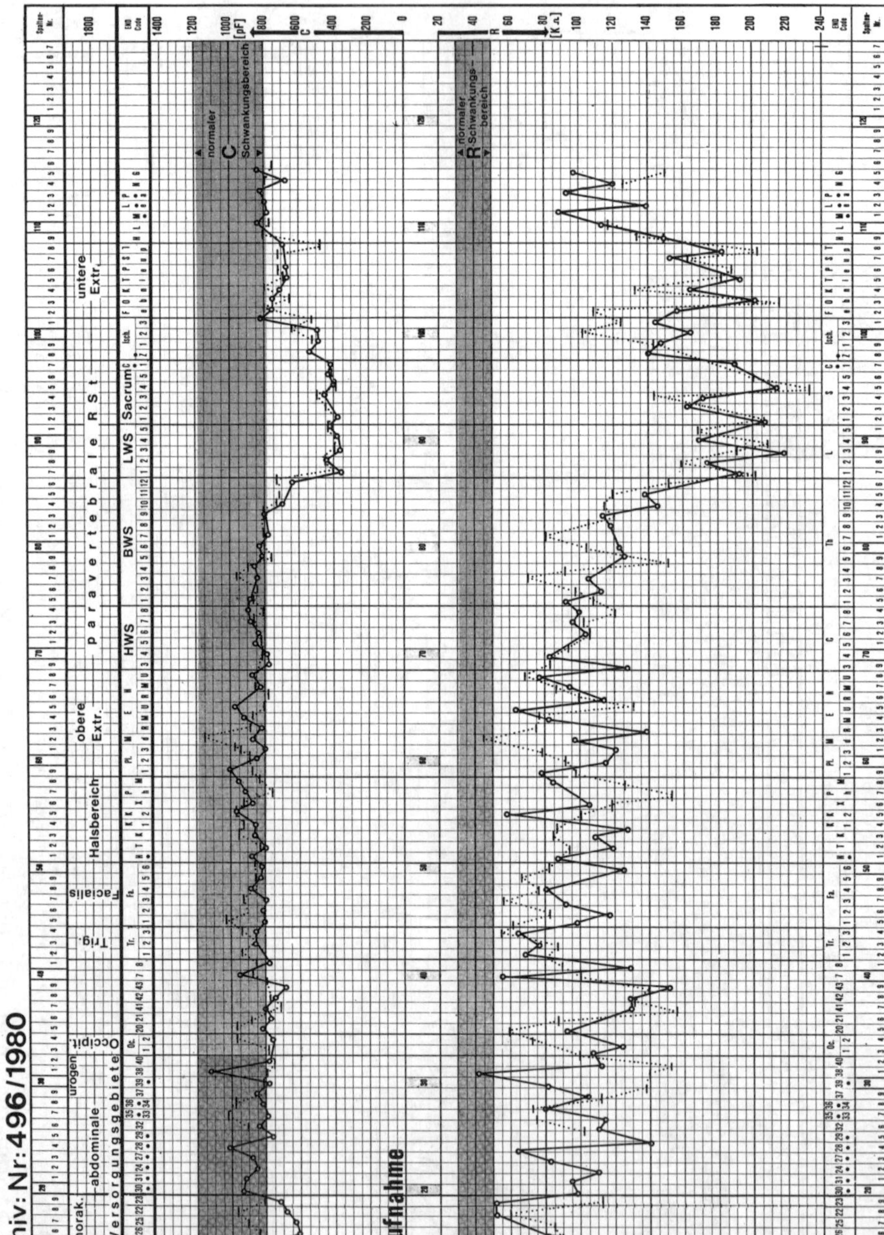
Archiv: Nr: 496/1980
1. ENS bei Aufnahme
normaler C Schwankungsbereich
normaler R Schwankungsbereich
paravertebrale R St
Halsbereich
obere Extr.
untere Extr.
HWS
BWS
LWS
Sacrum
Versorgungsgebiete

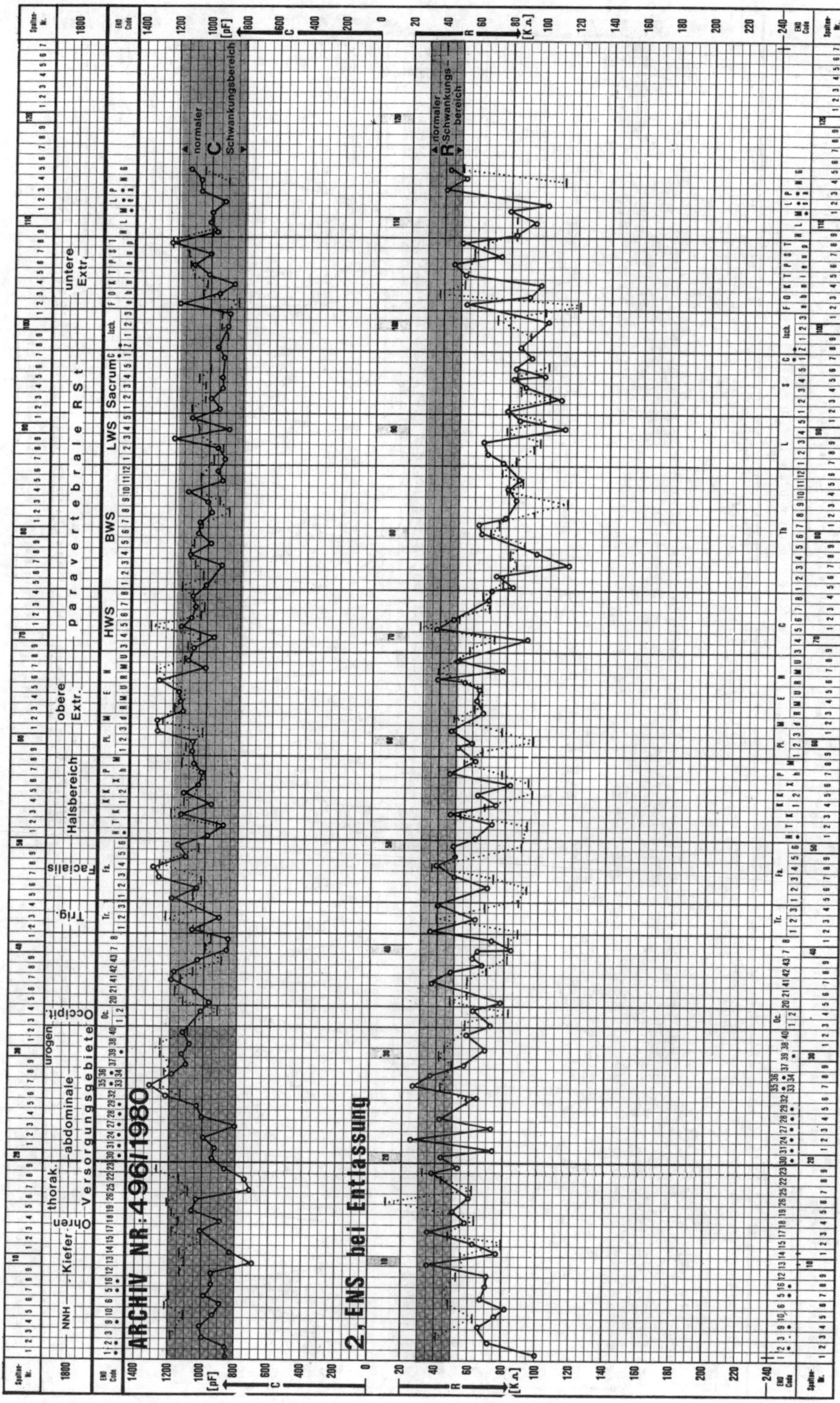

Abb. 6: Somatogramm zu Fall 5, Frau D. aus G., Schmerzen beim Stehen und Gehen.

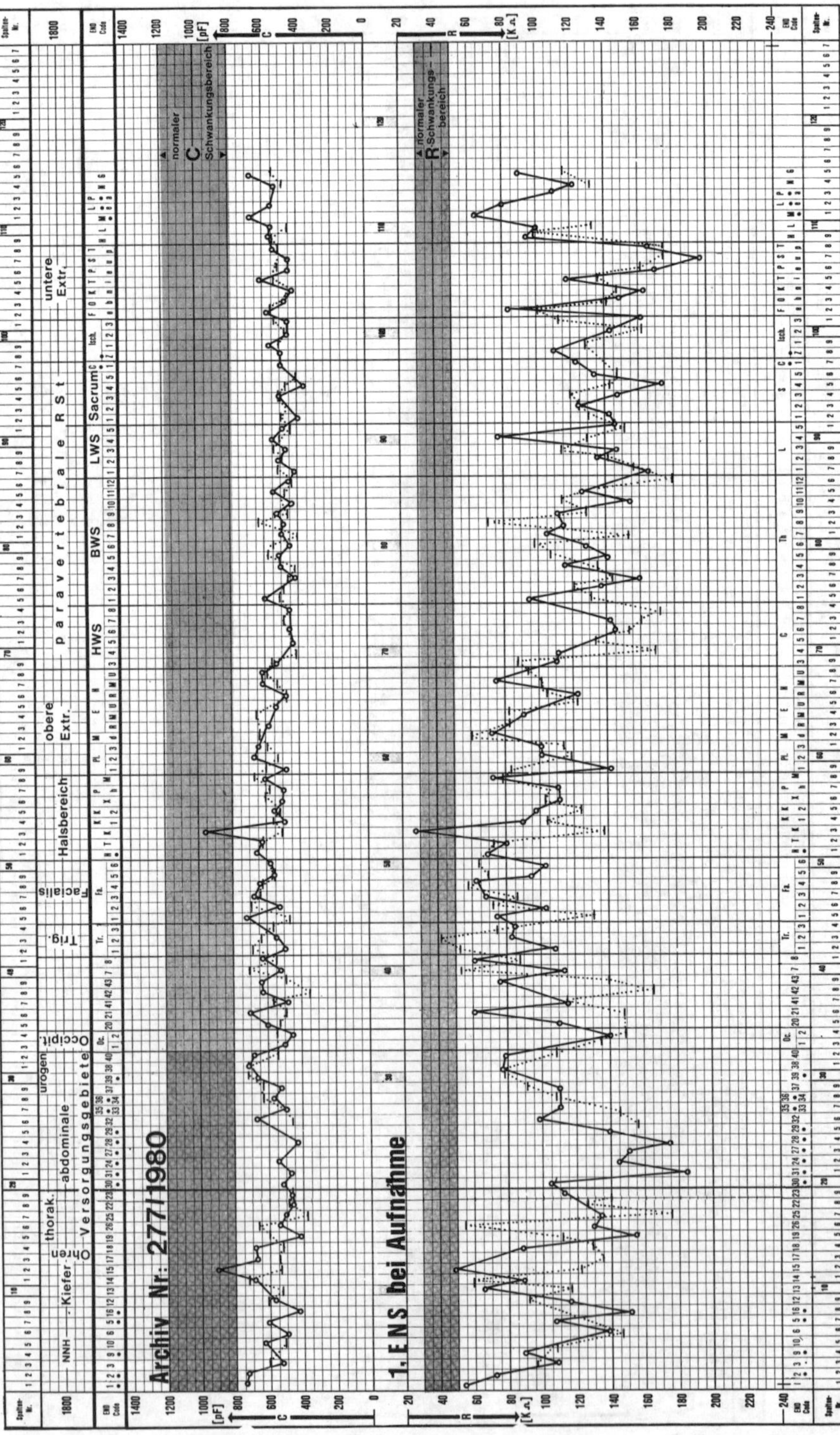
Archiv Nr.: 277/1980
1. ENS bei Aufnahme
normaler C Schwankungsbereich
normaler R Schwankungsbereich
[pF]
[K Ω]
NNH
Kiefer
Ohren
thorak.
abdominale
urogen.
Versorgungsgebiete
Occipit.
Trig.
Facialis
Halsbereich
obere Extr.
HWS
BWS
LWS
Sacrum
paravertebrale RSt
untere Extr.

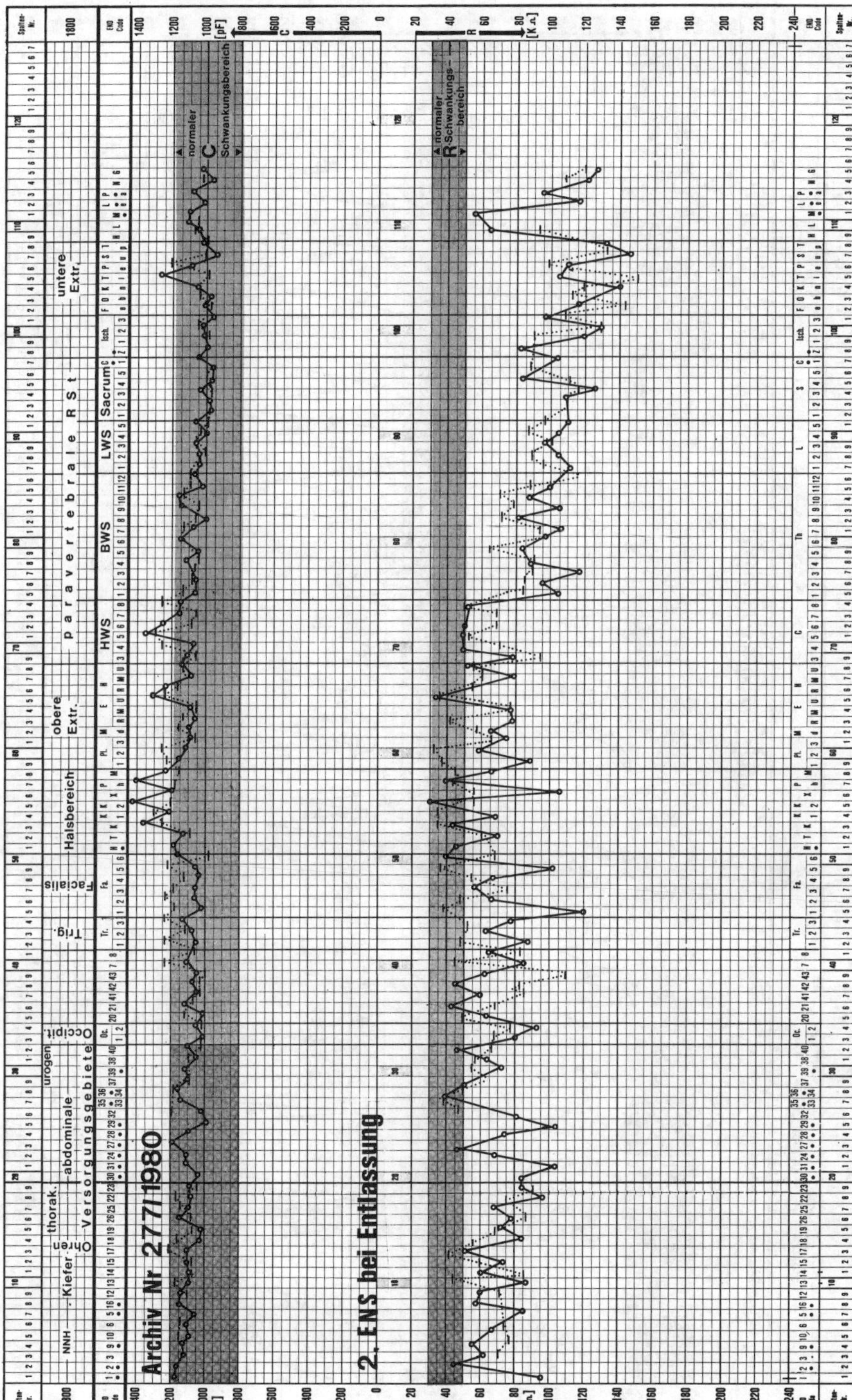

Abb. 7: Somatogramm zu Fall 6, Frau N. aus S., postoperative Nervenschmerzen nach beidseitiger Endoprothesen-Operation.

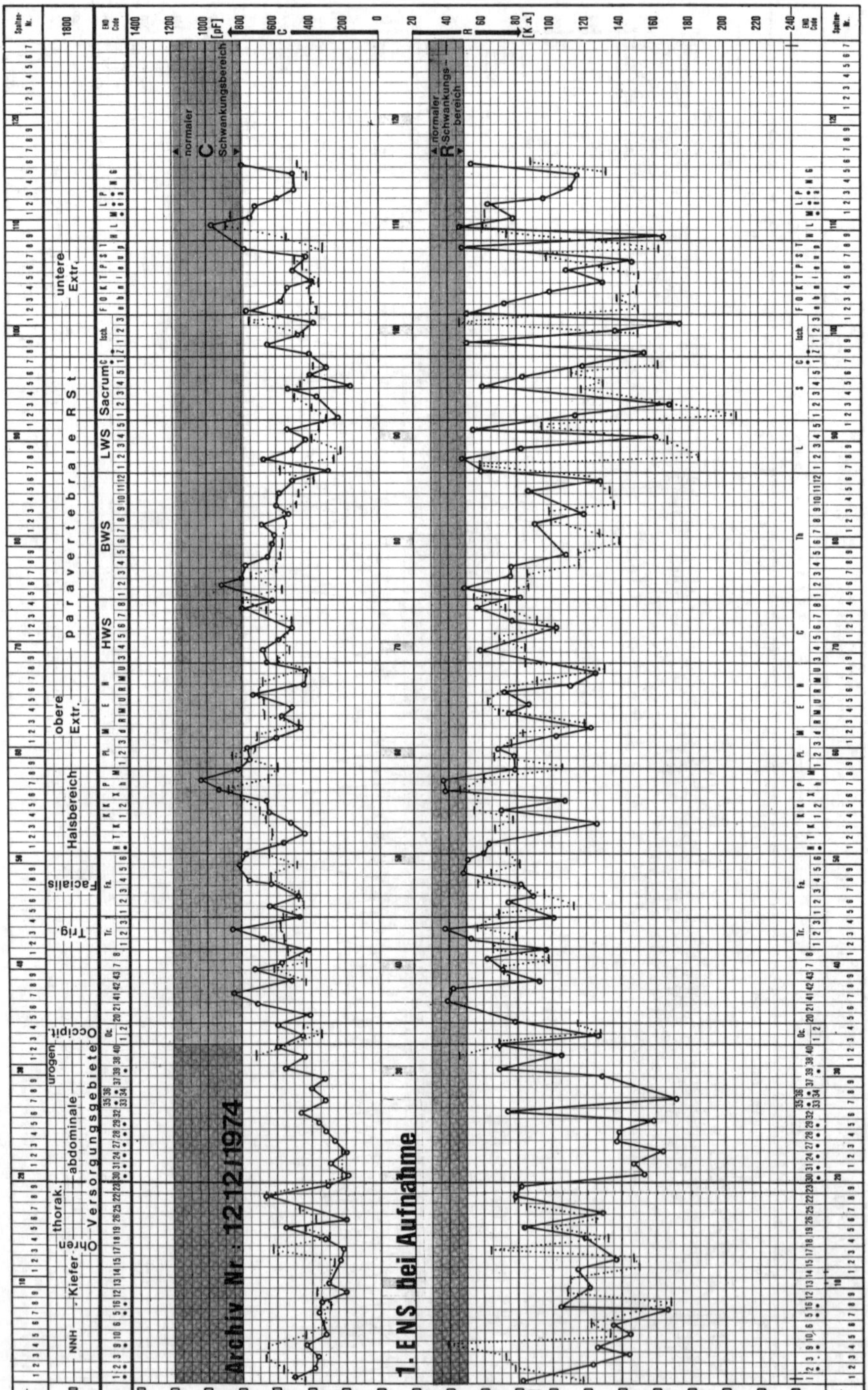
Archiv Nr.: 1212/1974
1. ENS bei Aufnahme
normaler C Schwankungsbereich
normaler R Schwankungsbereich
paravertebrale RSt
Halsbereich
obere Extr.
untere Extr.
Versorgungsgebiete
HWS
BWS
LWS
Sacrum

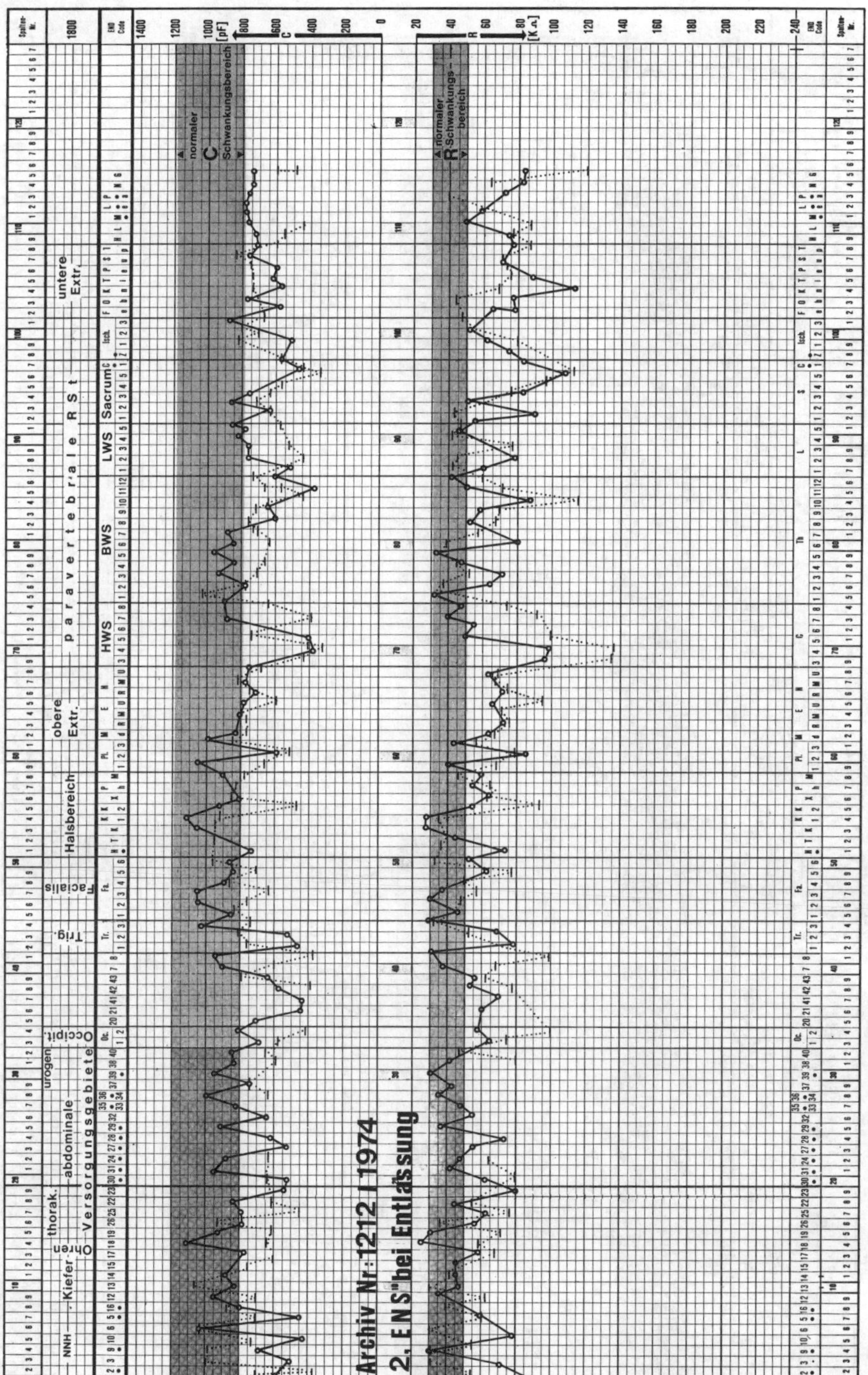

Abb. 8: Somatogramm zu Fall 7, Herr D. aus B., Kopf-, Glieder- und Rückenschmerzen.

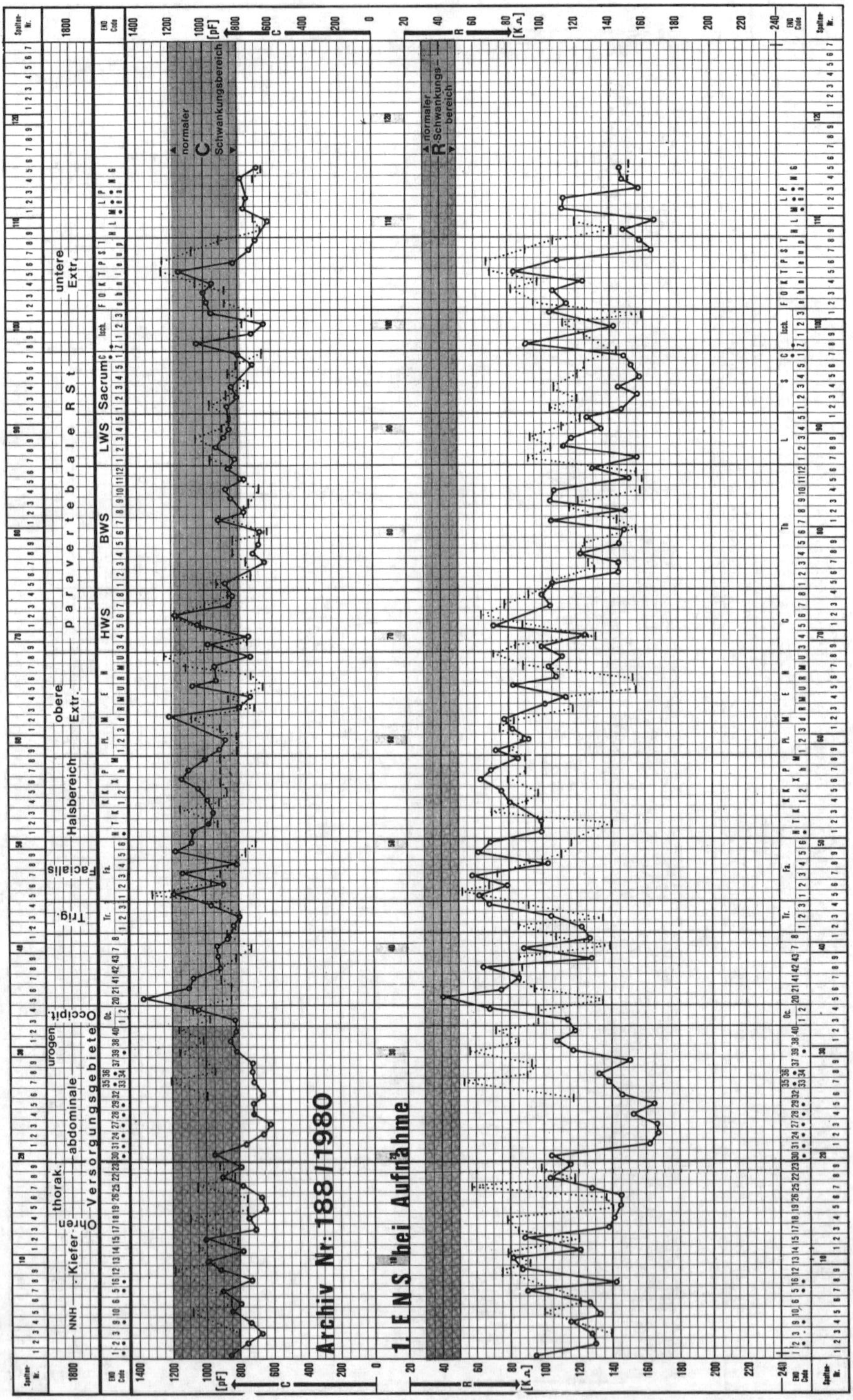
Archiv Nr: 188/1980
1. ENS bei Aufnahme
normaler C Schwankungsbereich
normaler R Schwankungsbereich
[pF]
[K.Ω]
NNH
Kiefer-
Ohren
thorak.
abdominale
urogen.
Occipit.
Versorgungsgebiete
Trig.
Facialis
Halsbereich
obere Extr.
paravertebrale RSt
HWS
BWS
LWS
Sacrum
untere Extr.

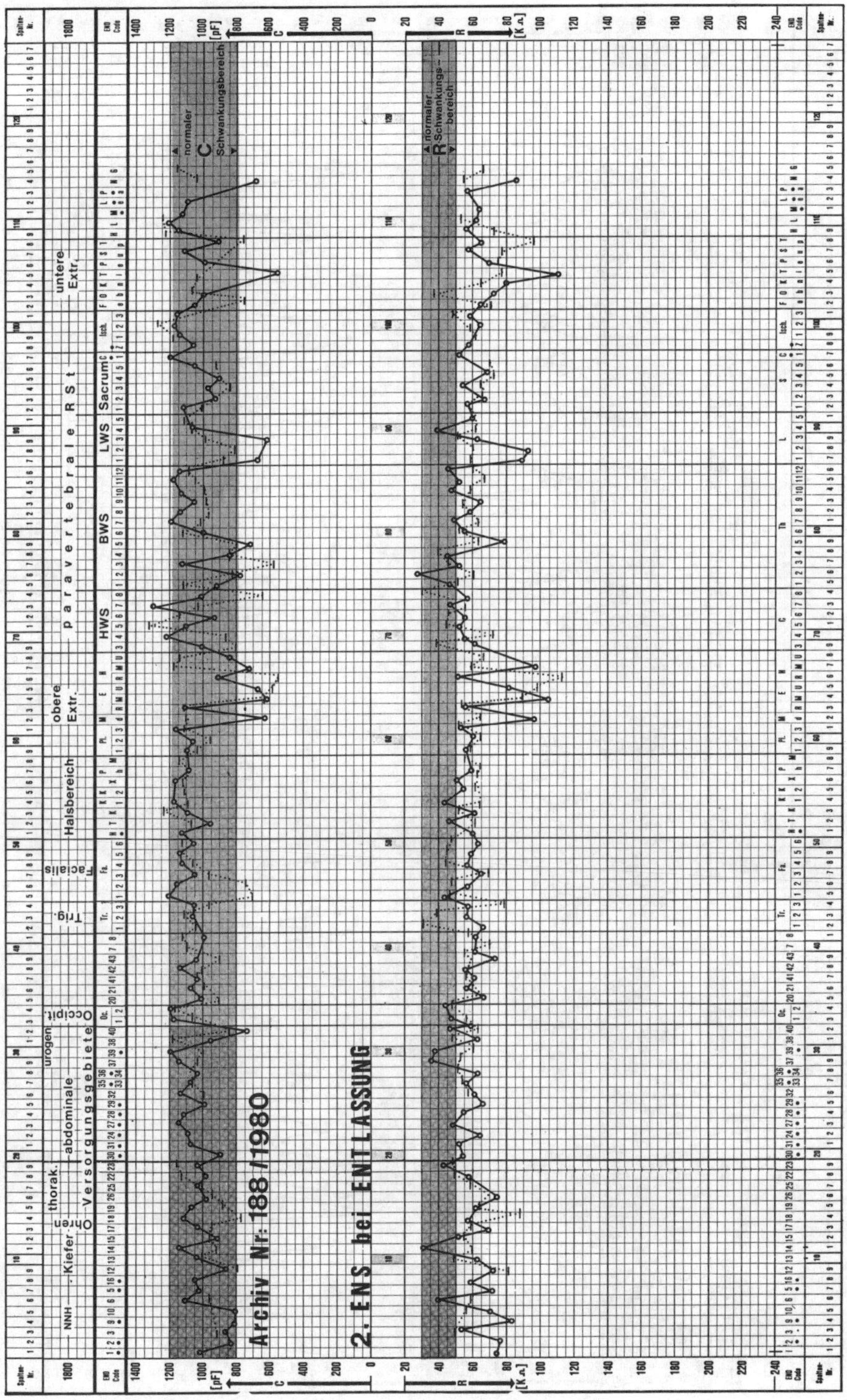

Abb. 9: Somatogramm zu Fall 8, Frau R. aus G., Polyarthritis.

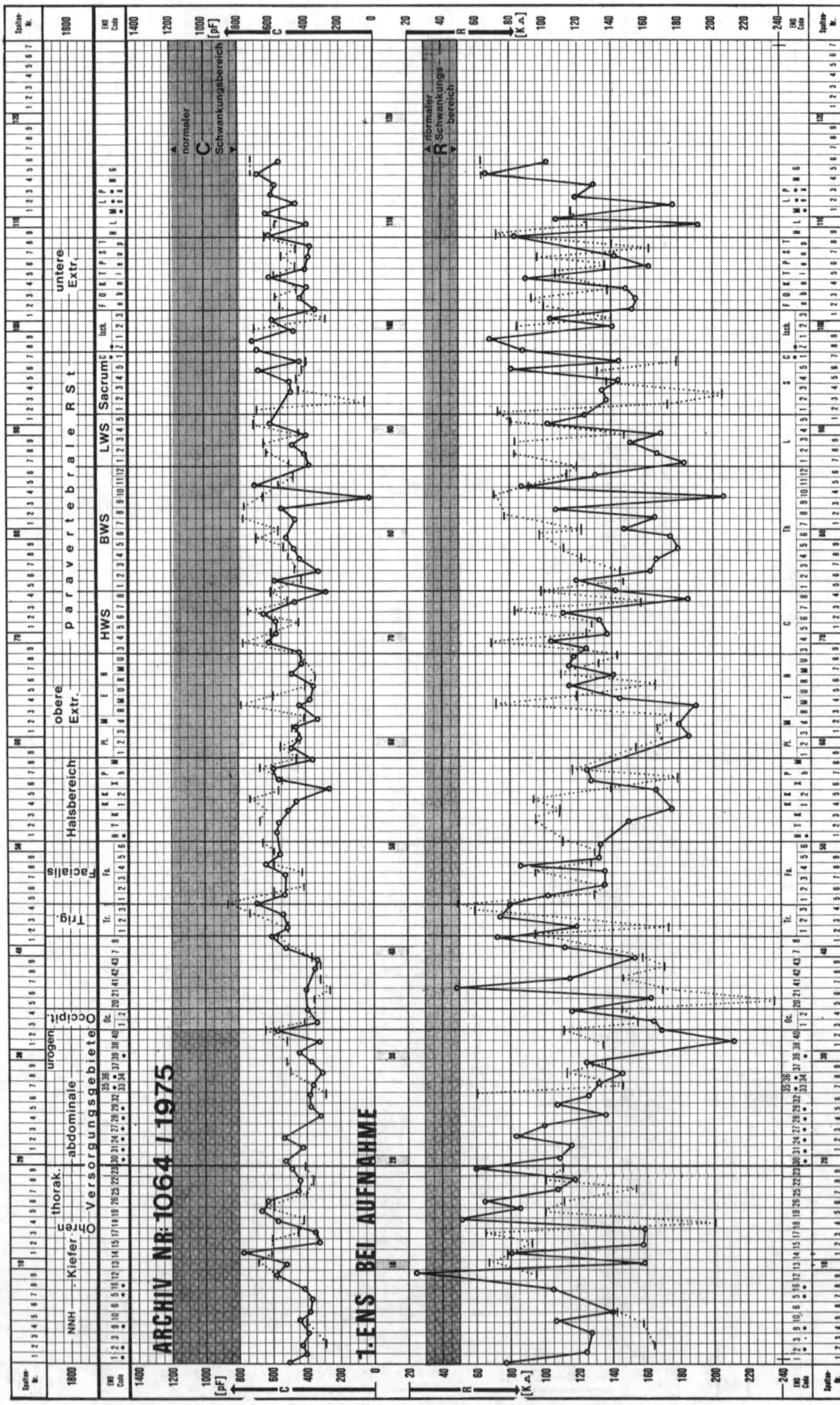
ARCHIV NR: 1064 / 1975
1. ENS BEI AUFNAHME
normaler C Schwankungsbereich
normaler R Schwankungs-bereich

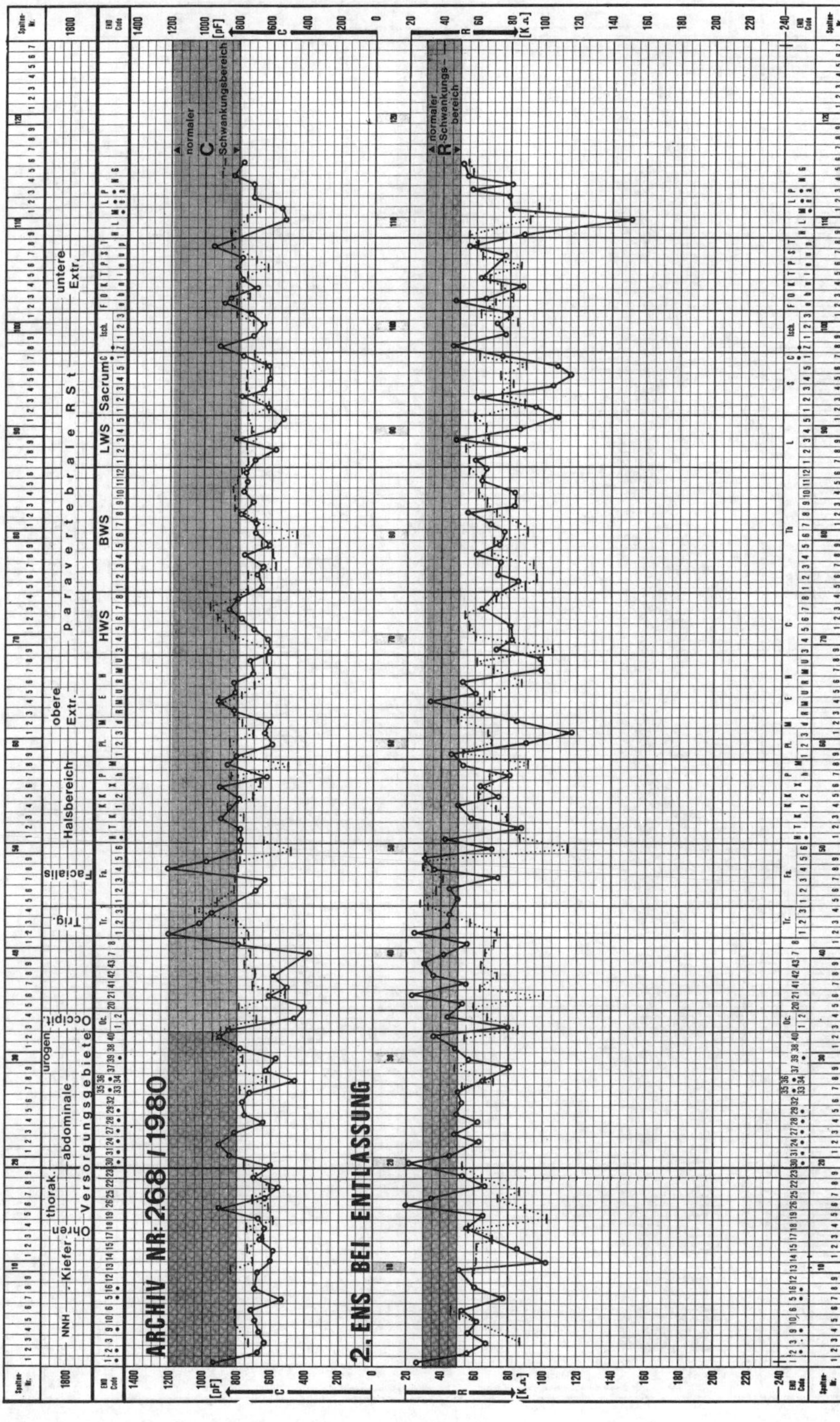

Abb. 10: Somatogramm zu Fall 10, V. aus W., Prostata-Sarkom.

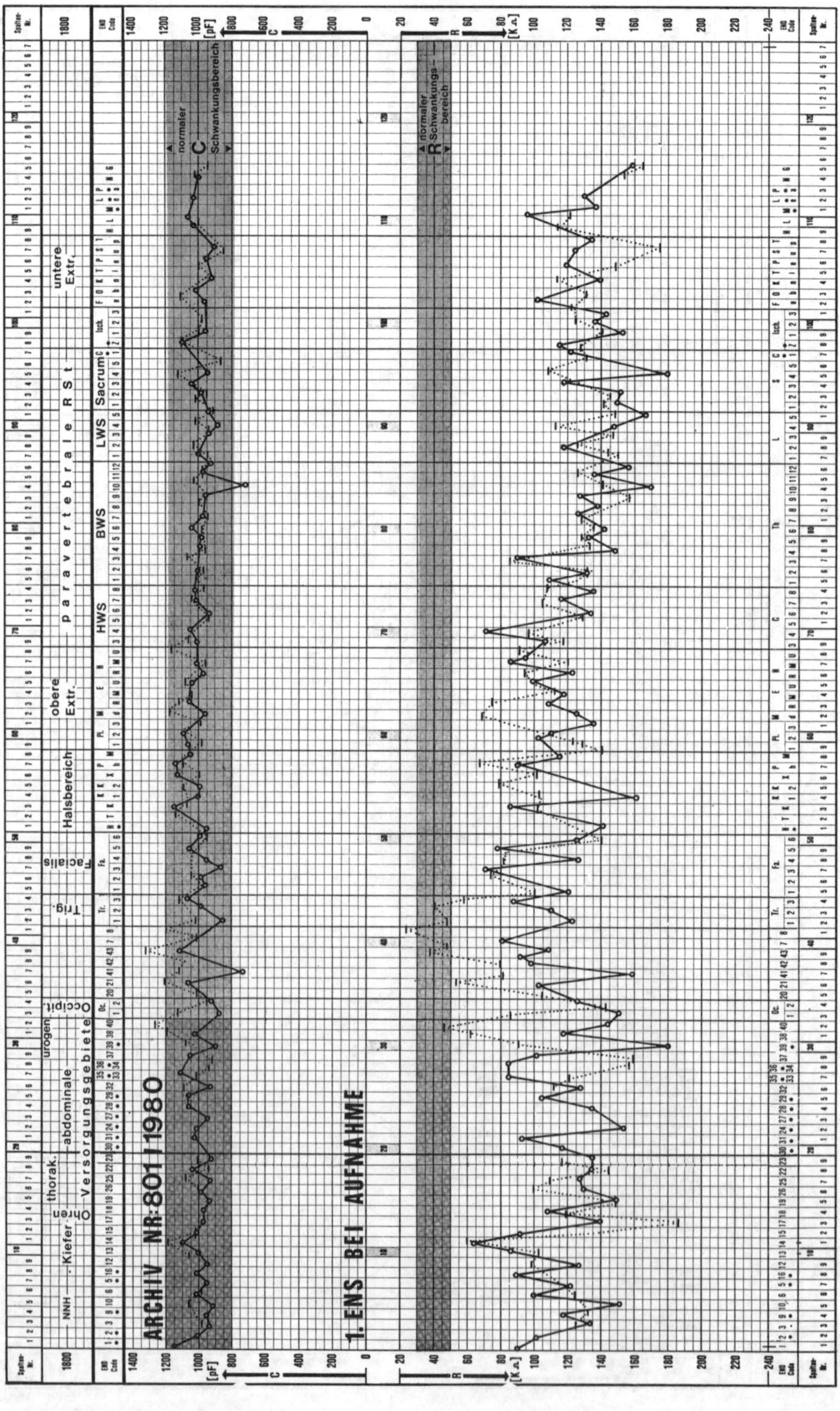
ARCHIV NR:801/1980
1. ENS BEI AUFNAHME
normaler C Schwankungsbereich
normaler R Schwankungsbereich
[pF]
[KΩ]
Kiefer
Ohren
thorak.
abdominale
urogen.
Versorgungsgebiete
Occipit.
Trig.
Facialis
Halsbereich
obere Extr.
paravertebrale RSt
HWS
BWS
LWS
Sacrum
untere Extr.

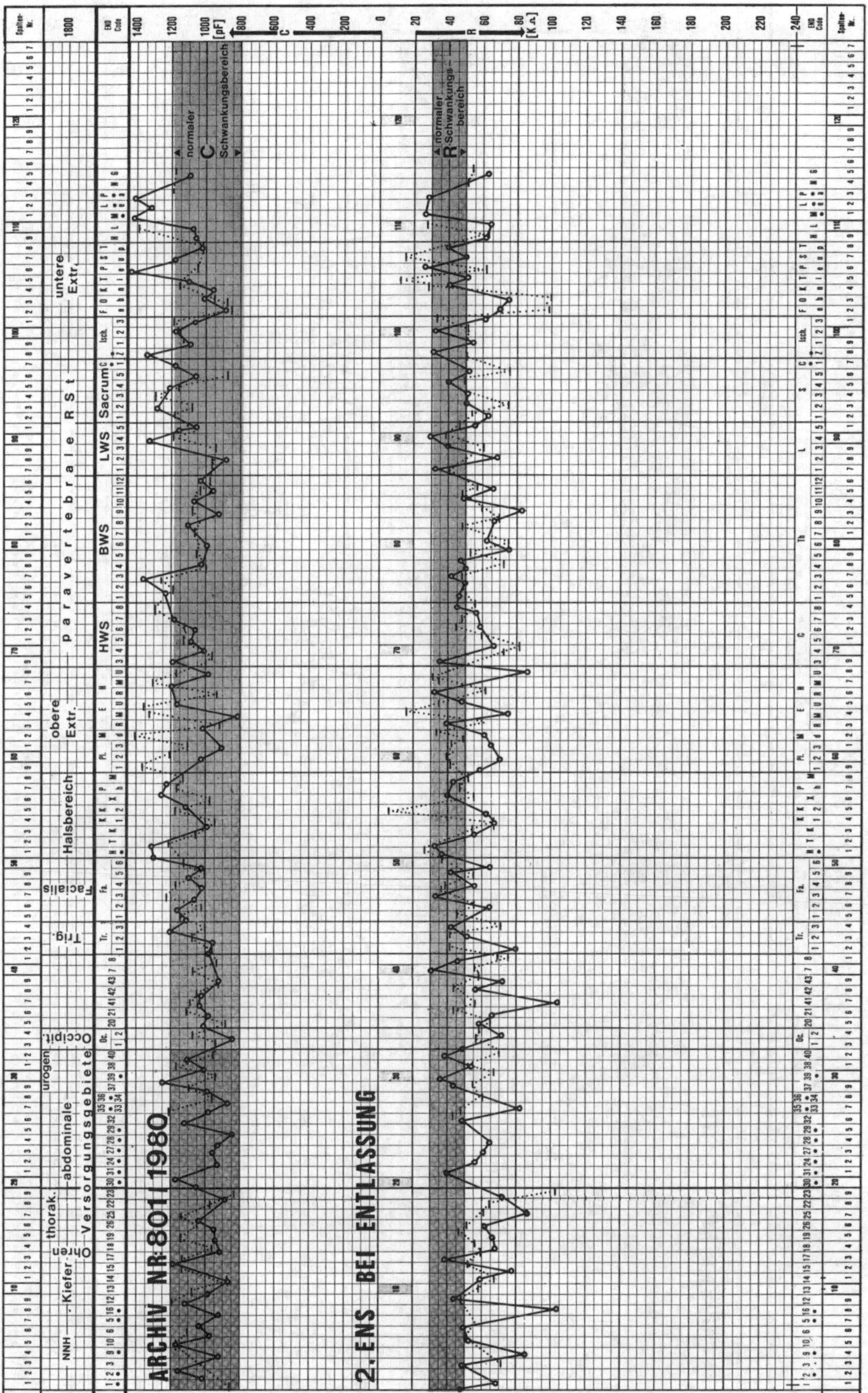

Abb. 11: Somatogramm zu Fall 11, Herr O. aus Sch., Herzinsuffizienz, Asthma bronchiale.

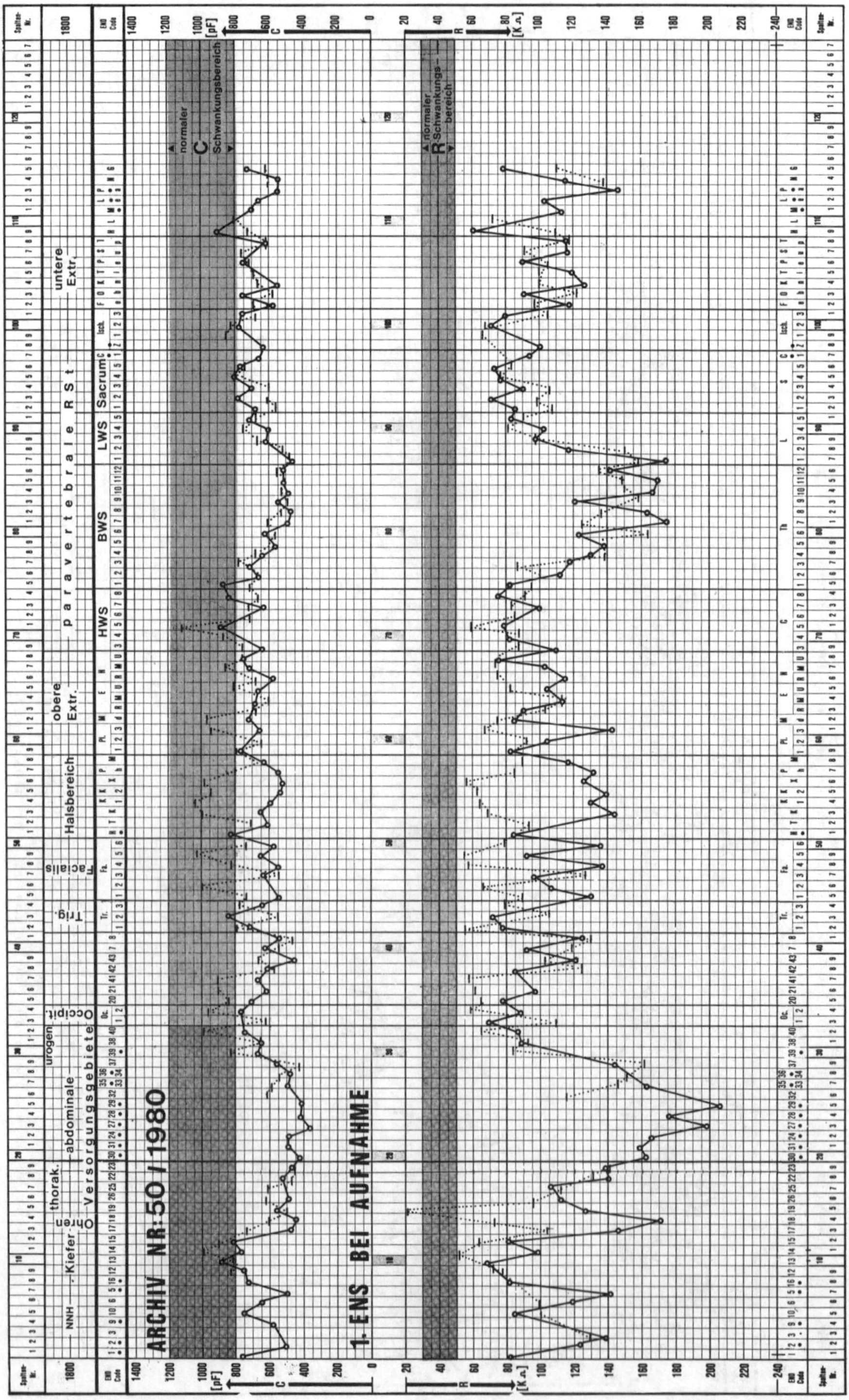
ARCHIV NR: 50 / 1980
1. ENS BEI AUFNAHME
normaler C Schwankungsbereich
normaler R Schwankungsbereich
p a r a v e r t e b r a l e R S t
untere Extr.
obere Extr.
Halsbereich
HWS
BWS
LWS
Sacrum
Versorgungsgebiete
[pF]
[K Ω]

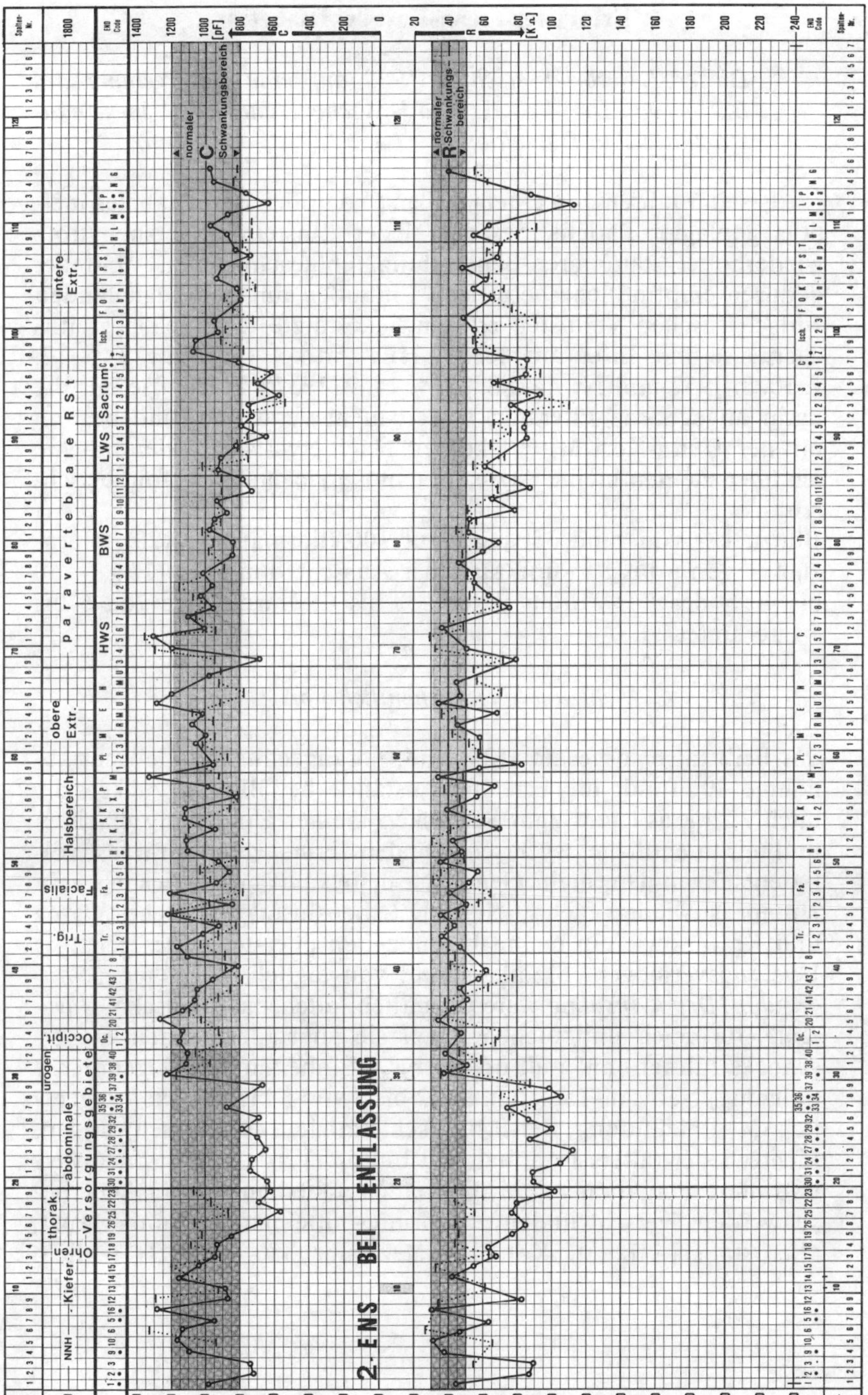

Abb. 12: Somatogramm zu Fall 12, Frau B. aus B., Pankreatitis.

Erfolg der Trenn-Kost bei Diabetes

Dieser Leserbrief erschien 1958 auf eine Besprechung des Buches von Dr. WALB „Die Haysche Trenn-Kost" im „Industriekurier" in Düsseldorf.

Als seit 6 Jahren von einem äußerst komplizierten Diabetes mellitus geplagter Patient, bei dem jeder Einstellungsversuch trotz wiederholter stationärer Behandlung fehlgeschlagen ist und der dadurch empfindliche berufliche Einbußen mit den begleitenden wirtschaftlichen Verlusten erlitten hat, stürzte ich mich begreiflicherweise mit Eifer auf KNOCHEs Artikel (in Nr. 122, S. 12, v. 10. 8. 1957 und Nr. 142, S. 13, v. 14. 9. 1957), beschaffte mir die darin angegebene Literatur, soweit nicht vergriffen, und begann mit der Trenn-Kost Mitte Oktober. Nach etwa 4 Monaten möchte ich über meinen meine Ärzte sprachlos machenden Erfolg berichten:
Blutzucker von rund 350 mg% auf 100 (normal 80—120); Harnzucker von 6 bis 8 % und täglicher Ausscheidung bis 120 g = 30 bis 40 % der KH-Zufuhr unter 1 % bis 0; Harnmenge von 6 bis 7 Liter unter 2 l.

Gewichtzunahme wöchentlich 1 bis 2 Pfund,

das heißt also insgesamt 12 Pfund, vorangegangene Gewichtsabnahme 40 Pfund; die Erregungszustände bei Blutüberzucker, die mich zu Ekrasit und zum Schrecken meiner Umgebung machten und mir unendliche psychische Qualen verursachten, sind fast völlig entschwunden, mein Gemüt ist heiter und ausgeglichen, mein Humor ist wiedergekehrt, ich fühle Lebenslust, körperliche Wärme und Kraft sowie ein meine Jugendzeiten übersteigendes geistiges Leistungsvermögen. Medikamente: von täglich 50 Einheiten *Alt-Insulin (Depot-Insuline* waren sämtlich, auch das dänische *Novolente,* für mich unbrauchbar, weil sie zu schleichenden Dauerschocks führten) auf null oder 4 bis 8 Einheiten zu gelegentlicher Stützung, Nadisan-Tabletten auf 2 bis 3 von 3 bis 4, auch gelegentlich 5. Entzündung der Mundschleimhäute ist verschwunden, Sicht wieder (alters-) normal; ich bin 55. Verdauung normalisiert und ohne Purgationsmittel; Gasbauch, Oberbauch- und Leberbeschwerden verschwunden. Nahrungsmittelmengen unbegrenzt, aber statisch fixiert. Kohlehydratezufuhr 350—500 KH täglich.

Quälender Hunger läßt aber nach, und seit einigen Wochen komme ich tatsächlich mit 3 Mahlzeiten aus, wobei sich aber immer noch die Gewichtszunahme fortsetzt, was ja anhalten soll, bis sich das neue konstitutionell bedingte Gewicht einstellt. Eiweiß- und Fettzufuhr stellte sich auf die Riesenmenge von 200 bis 250 g täglich, sinkt jetzt aber auch ab. Mein Pankreon-Bedarf, weil gleichzeitig eine Pankreasinsuffizienz vorliegt, ist bereits um 30 % gesunken. Im ganzen schmeckt mir

am besten ganz einfache Kost.

Ehemals ein großer Fleischesser, genügen mir jetzt einmal wöchentlich 150 g. Wurst esse ich überhaupt nicht mehr, habe dafür in meinem Trenn-Kost-Plan auch gar keinen Raum mehr. Aber nun werde ich aufhören, sonst hält man mich für einen Dithyrambiker. Erwähnen möchte ich nur noch, daß ich, soweit möglich, den Harn täglich sammle und den Zuckergehalt mit Hilfe des ausgezeichneten englischen Präparates „Clinitest“ bestimme, das in allen Apotheken erhältlich, leider auch ziemlich teuer ist, weil es ein deutsches Erzeugnis dieser Art noch nicht gibt. Ob ich den bisher als unheilbar geltenden Diabetes zur Ausheilung bringen werde, weiß ich nicht, obgleich der in mir vorgehende, fast revolutionäre Prozeß noch nicht abgeschlossen ist und daher mir selbst diese vermessene Hoffnung noch gestattet. Auf alle Fälle bleibe ich aber bei der Trenn-Kost, und zwar nicht nur wegen der diabetischen Erfolge, sondern ebensosehr wegen des unglaublich gesteigerten allgemeinen Wohlbefindens. Ich kann mir durchaus denken, daß die Trenn-Kost

die Ernährungsweise der Zukunft

werden kann, insbesondere für ältere Menschen, auch wenn sie noch „gesund“ sind.

Die Diabetiker unter Ihren Lesern werden Ihnen dankbar sein, wenn Sie diese Zuschrift möglichst unverkürzt veröffentlichen; denn sie werden Legion sein.

Der Diabetes grassiert wie eine Volksseuche; beinahe monatlich offenbart sich mir ein Bekannter oder Verwandter als Neu-Diabetiker. Eine amtliche Statistik gibt es nicht, weil diese Krankheit nicht meldepflichtig ist. Vorsichtige und fundierte Schätzungen gehen auf 400 000 bis auf 500 000 im Bundesgebiet; über 10 000 in

Westberlin und entsprechend viel in Ostberlin und in der Zone, obgleich dort die Ernährung weniger üppig als im Westen ist. (Übrigens war auch NUSCHKE Diabetiker und ist den „normalen" Diabetikertod gestorben, nämlich den Herztod).

Und nun zum Wichtigsten: zum Dank an Sie und Dr. KNOCHE für die Publikation der Trenn-Kost-Artikel, wofür es mir, wie Sie begreifen werden, an Worten, die mir sonst geläufig zu Gebote stehen, diesmal fehlt.

Man muß so schrecklich gelitten haben wie ich, um sich von meinen Gefühlen eine Vorstellung machen zu können. Seit Jahren nur noch in Gedanken an das „Suicidum" und nun: die Erde hat mich wieder! In Gedanken habe ich tausendmal diesen Brief an Sie geschrieben, wollte aber immer noch prüfen; denn ich bin selbstkritisches Arbeiten gewöhnt. Nun aber steht der Teilerfolg doch fest, und der ist so groß, daß ich bereit wäre, mich mit ihm zu begnügen. *K. K., Berlin*

Dieser Fall ist ein Beispiel für viele. Es ist daran zu erkennen, daß ein geschädigter Organismus innerhalb einer Mahlzeit nur *ein* konzentriertes Nahrungsmittel leichter verdauen kann. Durch die erleichterte Verdauungsarbeit kann sich das erkrankte Organ erholen. Das beweisen auch andere, mit der Trenn-Kost erfolgreich behandelte Krankheitsfälle.

Einen auch für Laien meßbaren Beweis für die Richtigkeit der Hayschen Auffassung liefern vorzüglich die Nieren- und Zuckerkranken, deren Ausscheidungen meßbar durch Trenn-Kost gebessert werden. In unserer Privatklinik war die Tatsache jedenfalls eindeutig feststellbar. Wir konnten die Behauptungen HAYs, die sich ihm an Tausenden von Fällen bewiesen haben, bestätigen.

Nach 6jähriger klinischer und 20jähriger ambulanter Behandlungszeit konnten wir feststellen, daß von 98 klinisch nicht beeinflußten Nierenfällen nur 18 % starben, aber 80 % ein günstiges Behandlungsresultat hatten. Bei Diabetikern, die die Trenn-Kost einhielten, besserten sich die Laborwerte, sie brauchten weniger Insulin oder wurden im Laufe von Jahren frei davon. Die Wirkung der Trenn-Kost auch auf andere Fälle, ähnlich den zuvor beschriebenen, blieb nach wie vor die gleiche. Diese unsere klinischen Beobachtungen wurden durch zahlreiche Briefe ergänzt, die von gleich guten Erfahrungen mit der Trenn-Kost berichteten.

Erfolg der Trenn-Kost bei Schrumpfniere

Der folgende Leserbrief erschien auf den Artikel „Die Sache mit Hays Trenn-Kost" vom 7. 4. 81 in der „Mainzer Allgemeinen Zeitung".

Die eindeutige Diagnose des Urologen lautete: Schrumpfniere. Die fachärztlichen Behandlungen sowie eine Kur in einem für Nierenleiden anerkannten Badeort brachten keine Besserung. Durch Zufall geriet ich an das Buch von Herrn Dr. Ludwig Walb „Die Haysche Trenn-Kost". Einzig und allein durch die strikte Einhaltung dieser Kostform habe ich im Laufe der Zeit eine wesentliche Besserung meines Leidens erzielt, und es konnte von der bereits notwendig erschienenen Operation abgesehen werden. Die Blutwerte liegen inzwischen alle im Normalbereich, und auch die Nierenfunktion hat eine erhebliche Steigerung erfahren. Eine Tatsache, die m. E. die sekundären Fragen, ob z. B. Heidelbeeren ernährungswissenschaftlich gesehen „neutral" sind oder nicht, hinfällig erscheinen lassen. Abschließend lassen Sie mich noch feststellen, daß es sich bei mir um keinen Einzelfall handelt. Leider ist die Trenn-Kost erst in jüngster Zeit populärer geworden. Es wäre bedauerlich, wenn Interessenten durch Artikel, wie in Ihrer Ausgabe vom 7. 4. 1981, von einer Inangriffnahme derselben abgehalten oder zumindest darüber verunsichert würden. *D. W., Mainz*

Bei der Herausgabe dieses Buches kam es lediglich darauf an, HAYs Theorien zu interpretieren und klinisch zu überprüfen. Daher wurden auch absichtlich keine besonderen Änderungen an der Nahrungsmitteltabelle (nach S. 32) vorgenommen.

Wie gut sich aber allein schon die Trennung von reinem Eiweiß und Kohlehydraten auswirkt, ergeben Statistiken aus meiner Klinik und die Erfahrung von Patienten sowie u. a. der obige Leserbrief.

Meine ca. 25jährigen klinischen Erfahrungen mit der Trenn-Kost bestätigen immer wieder die guten Erfahrungen Dr. HAYs.

Ergebnis einer wissenschaftlichen Prüfung der Trenn-Kost

1. Die Herren Dr. med. Otto HAUSWIRTH, Facharzt für physikalische Medizin in Wien, und Prof. Dr. Ing. Franz KRACMAR,

Wien, berichten in der Zeitschrift „Erfahrungsheilkunde" 1959, Heft 5, S. 205—208, über ihre Untersuchungen. Sie kommen zu folgender Deutung des Wirkungsmechanismusses der Hayschen Trenn-Kost:

1. Kohlehydrate und Fett bzw. Eiweiß-Stoffe und Fett geben jeweils *für sich* positive bioelektrische Potentiale.
2. Mischt man Kohlehydrate *und* Eiweiß-Stoffe, so ergeben sich *weit höhere* positive Potentiale, da sich die gleichnamigen Potentiale der beiden Nahrungsstoffe addieren.

Diese schädliche „Überpositivierung" wird durch die Trenn-Kost nach HAY verhindert. Weitere Vorzüge für die Trenn-Kost.

2. Der Internist REINSTEIN bestätigt in seinem ausgezeichneten Buch — Der kranke Darm — ebenfalls die gute Wirkung der Trenn-Kost.

3. Nach FORSGREN würde die Trenn-Kost dem biologischen Leberrhythmus entsprechen, indem mittags die Eiweißmahlzeit und nachmittags die Kohlehydratmahlzeit eingenommen wird.

4. ZABEL bestätigte durch Stoffwechselversuche, daß bei Trenn-Kost eine bessere Verdauung stattfindet.

5. Berufssportler bestätigten, daß bei Trenn-Kost die Leistungsfähigkeit zunimmt und die Erholungsphasen kürzer werden.

6. Die Ermüdung nach der Mahlzeit nimmt ab.

7. Die beste Entwässerung aller mir bekannten Kostformen und dadurch Entlastung von Nieren, Herz und Kreislauf.

8. Verbesserung der Laborwerte bei Nierenkrankheiten und Diabetes besonders deutlich erkennbar.

9. Normalisierung des Gewichtes.

10. Herzmittel, auch andere Medikamente, sind bei Trenn-Kost wirksamer.

Nach einem Vortrag:

Die Haysche Trenn-Kost

vorgetragen auf dem 32. Kongreß der Ärzte für Naturheilverfahren in Freudenstadt, vom 11. bis 18. März 1967

von H. L. WALB

Nach HOLTMEIER stirbt heute über ein Drittel der Bevölkerung an Erkrankungen, die von der Ernährung beeinflußt werden. In den hochentwickelten Industrieländern sind die ernährungsbedingten Krankheiten, wie Übergewicht, Herzinfarkte, erhöhter Blutdruck, Arteriosklerose usw., seit Beginn der Jahrhundertwende stark angestiegen. Die seuchenhaften Erkrankungen spielen gegenüber früheren Zeiten kaum noch eine Rolle. Dafür sterben die Menschen heute an Krankheiten, von denen man früher nicht sprach, und die meisten alten Menschen sterben an Gefäßkrankheiten, die heute als Seuche der Zivilisation bezeichnet werden.

In dem Buche „Wo stehen wir heute" sagt Frank THIES folgendes: „Über die Zunahme der Entartungskrankheiten wissen die Ärzte zu berichten: falsche Ernährung, wertlose Speisen, Verweichlichung des Körpers, Spirituosen, Drogen, chemische Hilfsmittel zur Aufputschung der Energie, Mangel an Sauerstoff, fehlende Abhärtung, man wandert nicht mehr, man fährt. Die Lebensgewohnheiten des modernen Menschen haben sich den durch die Technik geschaffenen Bequemlichkeiten angeglichen und einen wahren Glaubensfanatismus an das Künstliche, Synthetische, Erfundene und Erdachte erzeugt. Die Verkünstlichung unserer Existenz dürfte schwer zu überbieten sein, dennoch wird man wahrscheinlich versuchen, sie noch weiter überbieten zu wollen, weil alles dahin drängt, der Natur zu beweisen, daß sie unrentabel und mit geringem Nutzeffekt arbeitet. Während es also einerseits gelang, gefährliche Epidemien zu beherrschen, sterben heute zahllose Menschen unseres Volkes bereits im besten und leistungsfähigsten Alter an Herzinfarkten und Bluthochdruck als Folge übermäßiger und falscher Ernährung.“ Das Bemühen, vorsichtiger zu leben, läßt sich an einer statistischen Feststellung der „Deutschen Gesellschaft für Ernährung“ erkennen, die die Zahl der nach Diät lebenden Bürger mit ca. 23 % angab. 20 % der Schulkinder sind zu dick, anfällig gegen Erkältungskrankheiten und haben Haltungsschäden. Rechnet man zu diesen Diäten, die wohl nur durch die Steuerbegünstigung erkennbar sind, noch 15 % verschwiegene Diätetiker dazu, dann dürften gut ein Drittel schon Diätversuche unternehmen. Die internationalen Möglichkeiten, essen zu können, was erreichbar ist und was gut schmeckt, verführen eher zu einem üppigen als zu einem eingeschränkten Essen. Erst durch Notwendigkeit und ärztliche Ratschläge wird eine Diät eingenommen, die man vielleicht zuvor belächelte.

Die Ärzte ihrerseits, die bis dahin oft wenig mit Diät zu tun hatten und sich nur oberflächlich damit befaßten, kommen nicht mehr umhin, ihre eigene oder die Ernährung ihrer Patienten zu korrigieren. Die Viehlzahl der Diätformen ist verwirrend. Es gibt heute immerhin so viele Diäten wie Organe und Erkrankungen. So bleibt auch dem Arzt nichts anderes übrig, als sich mit der Korrektur der allgemein üblichen Vollkost zu befassen, sei es nun prophylaktisch oder zu Heilmaßnahmen. Der hastige Mensch ißt meist zu viel, zu schwer, zu oft und zu schnell. Erwin BAELZ, der Leibarzt des japanischen Kaisers, berichtete, daß seine Rikschafahrer mit einer Handvoll Reis ihn spielend über Berge und Höhen ans Ziel brachten, während ihre Leistung sehr schnell nachließ, als er sie mit Fleisch ernährte. Er folgerte daraus, daß die Leistung weitgehend von der Ernährung abhängt.

Meerschweinchen, denen man die übliche Nahrung: Hafer, Karotten, Heu und Wasser nur gekocht verfütterte, gingen rasch zugrunde an Zahnfäule, Kieferverbiegung, Knochenerweichung und starben zum größten Teil an Krebs. Daraus ergab sich, daß auch ein großer Teil der Nahrung in ungekochter Form genossen werden muß.

1. Eine Ernährung und Diät muß also prinzipiell vollwertig sein, den Gesunden nicht überernähren und den Kranken nicht unterernähren.
2. Sie muß durch genügend ungekochtes Gemüse ergänzt sein, denn einseitige Kochkost führt zu Mangelerkrankungen.

Gerade der chronisch Kranke muß häufig eine Diät jahrelang durchhalten. Sie soll also den Kranken nicht schwächen, sondern ihm die Leistungsfähigkeit und Gesundheit nach Möglichkeit zurückbringen. Seine Diät müßte auch im Restaurant durchführbar sein und deshalb nicht zu sehr von der üblichen Kost abweichen.

Diesen Grundsätzen entspricht am meisten die Haysche Trenn-Kost. Stören wir längere Zeit das Säure-Basen-Gleichgewicht, entsteht eine Acidose oder Alkalose. SANDER stellte fest, daß alle schweren Erkrankungen von einer latenten Acidose begleitet sind. Diabetes mellitus, Rheuma, Arthritis usw. sind einige Beispiele dafür. HAY sagt: *„Wir erkranken, weil wir nicht die natürliche Widerstandskraft gegen Säurerückstände, Bazillen und Nervenerschöpfung haben.“*

In allerjüngster Zeit haben amerikanische Forscher experimentell bewiesen, daß Stoffwechselfaktoren die antibakterielle Aktivität der Lungen hemmen.

Alle Vorgänge der humoralen als auch der zellulären Abwehr werden durch den Ernährungszustand des Gesamtorganismusses entscheidend beeinflußt.

Die erste Stufe der Nutzbarmachung von Nahrungsmitteln, sowohl für die Energieproduktion als auch für andere Zwecke, besteht in einer hydrolytischen Spaltung der Makromoleküle des Nahrungsmittels zu kleinen Bausteinen. Proteine werden zu Aminosäuren, Kohlehydrate zu Hexosen, Fette zu Glyzerin und Fettsäuren, Nukleinsäuren zu den entsprechenden Basen, Pentosen und Phosphat abgebaut. Biologisch ausgedrückt werden die Nahrungsmittel durch die Verdauung löslich gemacht, eine Vorbedingung für die Resorption durch den Darm. Prozesse, die der Verdauung im Darm sehr ähnlich sind, kommen auch in den meisten Geweben vor, wenn Reservestoffe zur Energieproduktion mobilisiert werden, oder wenn geschädigte Gewebe der „Autolyse“ unterliegen. Die Verdauung wird durch die kombinierte Tätigkeit vieler spezifischer Enzyme bewirkt, von denen jedes einzelne die Hydrolyse einer Verbindung oder einer Anzahl eng verwandter Verbindungen besorgt. Bei langdauernden Ernährungsfehlern, und damit chronisch chemischen Reizen, kann das Epithel mit Atypien antworten.

Die Geschwindigkeiten aller Stoffwechselleistungen in der Zelle werden durch den Zellkern primär gesteuert, einschließlich der Mitosen und aller Wachstumsvorgänge. Die Enzymaktivität des Zellkerns ist nicht konstant, sondern sie variiert mit dem Alter der Zelle, und was außerdem wichtig ist — sie läßt sich durch äußere Einflüsse verändern.

Es gibt keine Konstante des Zellkerns und seiner Bestandteile, der Chromosomen, der Gene, der Erbanlagen; sie alle sind im Laufe des Lebens durch äußere Einflüsse veränderlich.

Eine gesteuerte Nahrung könnte durch eine Beeinflussung des Zellmilieus die genetischen Strukturen des Zellkerns daher durchaus schützen, zumal erworbenen Veränderungen im genetischen Code der Zelle eine Schlüsselrolle bei der Krebsentstehung zukommt.

Die Nukleinsäuren beanspruchen unter den Zellbestandteilen besonderes Interesse, da sie eine grundlegende Rolle bei der Zellteilung spielen, ebenso beim Wachstum und bei der Proteinsynthese.

In den kleinsten chemischen Fabriken, in den Mitochondrien, wird die Oxydation des Stoffwechsels zu Ende geführt und die Energie in Form von Adenotriphosphorsäure gespeichert und damit mechanische Energie für die Muskelzellen und elektrische Energie für unsere Nervenzellen freigegeben.

Das Leistungsvermögen der Niere, Ammoniak zu bilden, ist aber häufig durch den verminderten Kapillardruck bei dem geschädigten Kreislauf mehr oder minder herabgesetzt. Hierdurch kann es zu einer Acidose und zu einem Absinken der Alkalireserve kommen. Bei der Untersuchung Rheumakranker, die sich mit der üblichen Mischkost ernährten, im Gegensatz zu denen, die Trenn-Kost zu sich nahmen, konnten wir durch Kontrolle des Säure Basen-Haushaltes die bessere Stoffwechsellage des Patienten, der Trenn-Kost zu sich nahm, chemisch nachweisen.

Der geordnete Ablauf der Lebensvorgänge, einschließlich des normalen Wachstums, ist an die im Durchschnitt konstante Zusammensetzung des Blutes gebunden, die sich unter anderem darin äußert, daß die Anzahl der freien Wasserstoffionen (Säure-Basen-Status), ein gleichmäßiger osmotischer Druck (Isotonie) und die Zusammensetzung der Anionen und Kationen (Isoionie) vom gesunden Organismus genau überwacht und Änderungen dieser Stellgrößen sofort korrigiert werden.

Blattgrün und Hämoglobin unterscheiden sich nur durch ein Magnesiummolekül in der Strukturformel.

SELYE und Schweizer Forscher wiesen darauf hin, daß durch Ernährungsumstellung sklerotisch verdichtete und veränderte Gefäßwände sich normalisieren können.

Nach KRONE aus dem Max-Planck-Institut ist absolut sichergestellt, daß durch die Ernährung der Stoffwechsel der Zellen in einem negativen oder positiven Sinne geändert werden kann.

Alle nervösen, hormonalen und fermentativen Regulationsvorgänge sind von der normalen Zusammensetzung des Blutes absolut abhängig. Der Chemismus des Blutes hat eine zentrale physiologische Bedeutung. Die heute in allen Kulturländern ganz allgemein übliche Nahrung bildet keine Gewähr für einen ausgeglichenen Blutchemismus als erste Voraussetzung eines guten Gesundheitszustandes. Weiter muß gesagt werden, daß bei dem Streß der heutigen Zeit, der Hast, die die Menschen selbst verursachen, die sogenannte vegetative Dystonie eine weit größere Rolle spielt als je zuvor. Diese wiederum bedingt Krankheiten und funktionelle Organstörungen, auch der Verdauungsorgane. Es wird darum für die Dauer gesehen nicht gleichgültig sein, was und wie man ißt.

Nach PISCHINGER bilden Bindegewebe, Kapillaren, Lymphkapillaren und vegetatives Endnetz eine Funktionseinheit. Elektronenmikroskopische Untersuchungen ergaben, daß die vegetativen Endfasern nicht in der Zelle, sondern im Interzellularraum enden. So ist es auch erklärlich, daß bei Messung der elektrischen Hautwiderstände nach CROON elektrische Veränderungen bei Patienten konstant und reproduzierbar nachweisbar sind, wenn sich die Stoffwechsellage ändert.

Die moderne Forschung an den Hochschulen schenkt diesen Beobachtungen immer mehr Interesse. Entscheidend ist, daß wir möglichst die Nährstoffe in ihrem natürlichen Verband belassen.

Zusammenfassend kann gesagt werden, daß die Trenn-Kost prophylaktische Eigenschaften hat, die den Stoffwechsel und das vegetative Gleichgewicht jeweils günstig beeinflußt.

Sie unterstützt therapeutische und physikalische Maßnahmen, steigert bei Sportlern die Leistung und verkürzt die Erholungsphase. Sie bietet in der Rehabilitation und in der Geriatrie eine gute Hilfe.

Es wird sich daher lohnen, das Zusammenwirken der chemischen und physikalischen Gesetze im Zusammenhang mit der Ernährung weiterhin zu erforschen und zu erkennnen.

Erläuterungen zum Elektroneural-Somatogramm nach Croon

Während das EKG (Elektrokardiogramm) einen Teilausschnitt des menschlichen Körpers (das Herz) erfassen kann, gibt das Elektroneural-Somatogramm nach CROON einen Überblick über den gesamten Körper.

Die Abweichungen von der Norm — also die gestörten Körperfunktionen — können durch ein Behandlungsgerät, dem Test entsprechend, gezielt behandelt werden. Durch diese Behandlung kann man eine Normalisierung der Meßwerte erreichen. Durch diese Normalisierung ändert sich die Reaktionslage des Patienten.

Die hierbei angewandte dosierbare elektrische Behandlung löst Heilungsvorgänge durch Selbstregulationen des Körpers aus, die durch Zwischentests kontrolliert werden können. Am Verlauf der Kurven beurteilt der Arzt den Gesundheitszustand des Patienten.

Die Elektroneuralmethode ist bei allen gestörten Körperfunktionen, wie z. B. Kreislauferkrankungen, Stoffwechselerkrankungen, Unfallfolgen, vegetativer Dystonie, Migräne und Kopfschmerzen, rheumatischen Erkrankungen, Wirbelsäulenerkrankungen, Bandscheibenleiden, Organstörungen, Schlaganfällen und bestimmten anderen Lähmungserscheinungen eine sehr zu empfehlende zusätzliche Behandlungsmethode, die die Wirkung der Trenn-Kost in sinnvoller Weise ergänzt.

Die in diesem Buch aufgeführten Kurven oder Somatogramme (Abb. 2—12) besserten sich allein durch die Anwendung der Hayschen Trenn-Kost. Das Zusammenwirken dieser Kostform mit der Croonschen Therapie intensiviert und beschleunigt die Besserung der Reaktionslage und damit die Heilungsvorgänge im Körper, wie an über 100 000 Fällen allein in meiner Klinik nachgewiesen werden kann.

Blutende Magengeschwüre und fieberhafte Erkrankungen eignen sich nicht für die Elektroneuraltherapie.

Die Grundlagen der Elektroneuraldiagnostik und -therapie beruhen auf elektrischer Meßmethodik ganz bestimmter Punkte der Körperoberfläche, Reaktionsstellen nach CROON genannt:

Beim gesunden Menschen bewegen sich die Meßwerte in einem engen Meßbereich (zwischen 30 und 50 kΩ).

Diese Meßwerte werden auf einer Kurve automatisch aufgezeichnet. Man nennt diese Kurve Elektroneural-Somatogramm.

Will man die Elektroneuraldiagnostik und -therapie allgemein verständlich erklären, so könnte man den Kollegen GRODDEK zitieren, der die Berührung der Haut mit der Telegrafie vergleicht. Ein elektrisch gereizter Hautpunkt würde dem Ort entsprechen, wo das Telegramm aufgegeben wird. Von dieser Aufgabestation aus wird die Depesche — die Empfindung — durch den Draht — den Empfindungsnerv — einer Zentrale — dem Gehirn — übermittelt und von dieser an das Erfolgsorgan — den Muskel, durch den Bewegungsnerv — weiterbefördert.

Man muß sich dabei vergegenwärtigen, daß die Drähte zu und von der Zentrale in einem und demselben Kabel liegen, und daß der Empfindungsnerv niemals für Vermittlung von Willensaktionen benutzt wird und umgekehrt der Bewegungsnerv nie für Empfindungen.

Das Gehirn selbst ist in Bezirke für die einzelnen Körperteile eingeteilt, so daß beispielsweise alle Wahrnehmungen des Auges zu einer bestimmten Stelle des Gehirns gehen, alle Empfindungen des Armes oder des Beines zu einer anderen.

Ist die Gehirnrinde, die die Gesichtseindrücke wahrnimmt, zerstört, so formt sich im Auge noch das Bild der Gegenstände, es wird aber nicht mehr gesehen, der Patient leidet an einer sogenannten Rindenblindheit.

Ist das Armzentrum funktionsunfähig, so können Bewegungen im Arm nicht mehr willkürlich ausgeführt werden. Entzündungen oder andere Erkrankungen können Ursache für Störungen aller Art sein. Die Lähmung der Muskulatur oder die Empfindungslosigkeit irgendeines Körperteils kann ebensogut durch Unterbrechung der Leitung wie durch eine Störung des Zentralorgans bedingt sein. Die Untersuchung mit dem Croonschen Gerät gibt Hinweise, wo sich der Herd des Krankheitsgeschehens befindet. So ist die Kurve eines Multiple-Sklerose-Kranken deutlich von vegetativen Kurven unterscheidbar.

Multiple-Sklerose-Kranke sind gut mit dem Croonschen Gerät zu therapieren und können damit den Krankheitszustand lange auf dem gleichen Stand halten, vorausgesetzt, daß sie beruflich nicht allzusehr belastet werden. Auch auf den Rollstuhl angewiesene MS-Kranke können durch diese Therapie ihr Los erleichtern und manchmal bessern.

Ähnlich wie diese Erkrankungen reagieren auch Lähmungen nach Schlaganfällen auf diese Therapie, wenn man sie bald danach behandeln kann.

In jedem Falle lohnt sich dieser Versuch mit der Croonschen Therapie, ehe man aufgibt, weil mit den üblichen Mitteln nichts zu erreichen war.

Bei der Behandlung mit dem Croonschen Gerät werden 214 Punkte an der Hautoberfläche berührt. Das Testgerät ist vollautomatisch gesteuert. Die behandelnde Person lernt, die 214 Nervenendpunkte kennen und die Therapie auszuführen. Bei der Therapie werden nur die Punkte behandelt, die außerhalb der Norm liegen.

Nach 10 Behandlungen erfolgt ein Kontrolltest, wonach sich die Weiterbehandlung richtet.

Es ist entscheidend wichtig, daß die im Somatogramm erkennbaren Störungen im Frühstadium behandelt werden. Dabei hat der Arzt außerdem die Möglichkeit, durch die Hinweise auf Herde, die das Somatogramm gibt, noch andere therapeutische Maßnahmen außer der Croonschen Therapie gezielt anzuwenden.

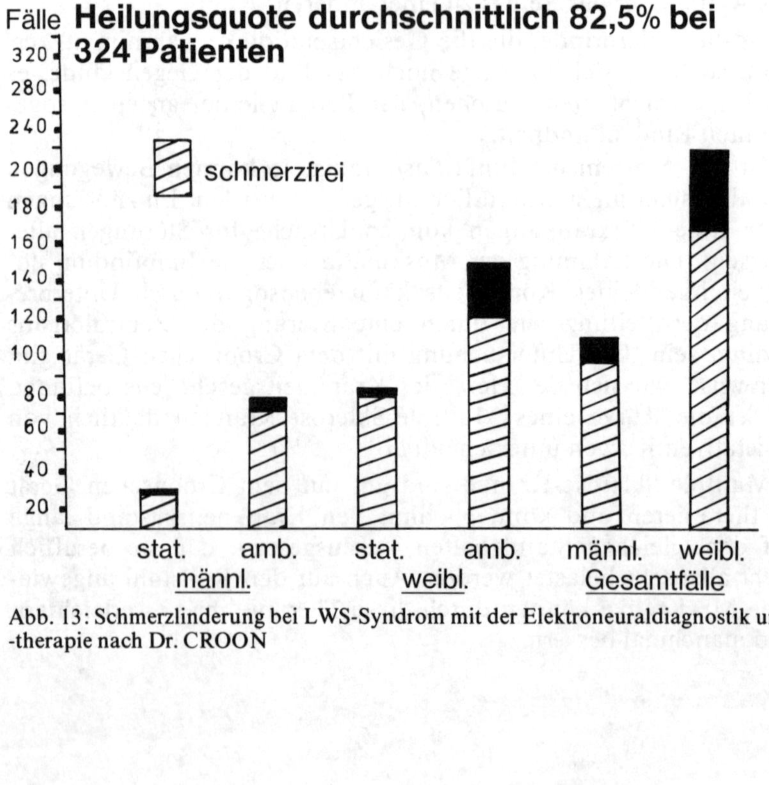

Abb. 13: Schmerzlinderung bei LWS-Syndrom mit der Elektroneuraldiagnostik und -therapie nach Dr. CROON

Durch Anwendung der Croonschen Therapie erhält der Körper einen Anstoß zur Heilung.

Bei insgesamt 324 Patienten mit Kreuzschmerzen, Lendenwirbelsyndrom und schmerzhaften Wirbelsäulenveränderungen und Ischiasbeschwerden konnte bei 82,5 % Besserung und Schmerzfreiheit erzielt werden. Die folgende Statistik ist aus dem Jahre 1979.

Therapie: Trenn-Kost, Elektroneuraltherapie.

Durch wissenschaftliche Grundlagenforschung des Croonschen Verfahrens wurde z. B. folgendes beobachtet:

a) eine verbesserte Ernährung der Zelle

b) Verbesserung des peripheren Kreislaufes und damit Entlastung des Herzens

c) Durch verbesserten Stoffwechsel Ausschwemmung von Ödemen

Diabeteskost

Anhang für Diabetiker

Trenn-Kost bedeutet
eine Verhütung
des Übergewichtes und
eine vorteilhafte
Beeinflussung des Stoffwechsels.

Inhaltsangabe

Einleitung

Dieser Anhang enthält ein Beispiel für die Umstellung eines Diabetikers von Mischkost auf Trenn-Kost.

Der hier erwähnte Diabetiker spritzte z. B., als er als Patient in unsere Klinik kam, 30 Einheiten Insulin. Nach 4 Wochen Aufenthalt spritzte er bei der Entlassung nur noch 18 Einheiten Insulin. Er hatte diesen Erfolg nur durch die bekömmlichere Zusammenstellung der Trenn-Kost-Mahlzeiten. Sie sind eine Vollwerternährung, aber keine Überernährung oder Unterernährung, weil in jeder Mahlzeit nur **ein** Konzentrat enthalten ist. Die Nahrungsmittel werden für jeden, besonders für den Diabetiker, so besser auswertbar und sättigen dadurch mehr; der Diabetes wird leichter einstellbar, es entsteht allmählich eine größere Kohlehydrattoleranz. Der Patient kann die Insulingaben nach und nach reduzieren, weil Blutzucker und Harnzucker allmählich sinken. Deshalb sind zunächst bei der Umstellung 2—3 Blutzuckerkontrollen wöchentlich erforderlich. Bei Patienten, die noch kein Insulin spritzen, normalisiert sich der Blutzucker durch Trenn-Kost natürlich schneller.

Es wäre ratsam, daß die auf Bundesebene voruntersuchten und erkannten Anfangsfälle von Diabetes ihre Ernährung auf Trenn-Kost umstellten, um die Krankheit aufzuhalten. Denn neben den 1,3 Millionen Fällen erkannter Diabetiker soll es laut Bundesstatistik über 1 Million unerkannter Fälle geben. Viele Menschen leiden an Schwächezuständen und Schwindelanfällen. Schon bei diesen Zuständen sollten die Blutzuckerwerte bestimmt werden, um eine Hypoglykämie auszuschließen. Die Ernährung würde besser auf Trenn-Kost umgestellt, um hypoglykämische Zustände zu verhindern, und die Kohlehydrate müßten reduziert werden. Eine Hypoglykämie wird nicht durch Mangel an Zucker verursacht, sondern durch eine zu hohe Insulinproduktion, den Hyperinsulinismus. Deshalb würden Zuckergaben auf lange Sicht gesehen, nach Ansicht von ATKINS, diesen Zustand nur verschlimmern, Diabetiker, die abendlich spritzen, sollten auch abends eine Spätmahlzeit einnehmen, um die Hypoglykämie zu vermeiden, die im Schlaf leicht unbemerkt bleibt, erläutert JAHNKE.

Über die von Dr. ATKINS verbreitete einseitige Fleischernährung schreibt Dr. SCHMIDSBERGER: „Wer sich aber auf lange Sicht nach den Eiweißempfehlungen von Dr. ATKINS richtet, wird müde, appetitlos und hat auch unter Müdigkeit zu leiden. Aber das ist noch nicht alles: wie Untersuchungen gezeigt haben, steigen entgegen den Versprechungen auch Harnsäure- und Cholesterinspiegel, vor allem aber der Blutdruck an. Inzwischen empfiehlt er neuerdings eine ‚Energiediät' mit Vitaminen und Mineralien in hoher Dosis. Wer seinen Organismus auf die Dauer übersäuert und mit Eiweißschlacken überschwemmt, der bereitet vielen Krankheiten den Boden. Für Zuckerkranke sowie für Patienten mit Herz- und Nierenleiden ist dieses Risiko noch viel höher als für Gesunde."

PREUSSER schreibt, daß es genauso schädlich sei, sich nur mit Kohlehydraten zu ernähren.

Unsere Mischkost enthält beides: Fleisch und Kohlehydrate und zusätzlich Obst, Gemüse und Salate.

Die Mischkost führt, wie jeder weiß, leicht zur Überernährung. Diät wird erst eingehalten, wenn die Krankheit bereits spürbar da ist.

Die Trenn-Kost bietet durch Weglassen eines Konzentrates bei einer Mahlzeit die beste Möglichkeit, **Überernährung** zu vermeiden und die Nährstoffe trotzdem zu bekommen, ohne sich zu übersäuern.

Für die Diabetiker ist wichtig zu wissen, daß die Trennung sowohl für Kinder als auch für Erwachsene leicht durchführbar ist.

Interessant ist die Feststellung der modernen Wissenschaft, und ich zitiere aus einem sehr guten Kommentar von JAHNKE aus dem Buch: „Moderne Diät bei Erwachsenen-Diabetes", daß die medikamentöse Behandlung des Diabetes **nicht** ausreicht.

„Es ist besonders bemerkenswert, daß in unserer Zeit der großartigen Fortschritte medikamentöser Behandlung die Bedeutung der Diätbehandlung sozusagen **wieder entdeckt** werden mußte.

Der ungünstige, zu vorzeitigen und fortschreitenden Gefäßkrankheiten führende Verlauf des Diabetes kann durch eine rechtzeitige konsequente, anhaltend gute Behandlung sehr wohl aufgehalten werden. Hierzu gehört die Stabilisierung des diabetischen Stoffwechsels, für die eine zweckmäßige Diät unentbehrlich ist. Das Ziel der modernen Behandlung des Erwachsenen-Diabetes ist aber keineswegs nur die dauerhafte Senkung des erhöhtes Blutzuckergehaltes zu annähernd normalen Werten und die Beseitigung der Harnzuckerausscheidung. Alle Kenner des Diabetes sind sich vielmehr darin einig, daß die Normalisierung des erhöhten Blutfettgehaltes und die Beseitigung der Fettleibigkeit ebenso wichtig ist, gewöhnlich sogar erst die entscheidende Voraussetzung der dauerhaften Senkung erhöhter Blutzuckerwerte ist. Dies ist vorerst nur mit einer zweckmäßigen Diät zu erreichen. Die Diät rückt damit wieder an die erste Stelle der Behandlung des Erwachsenen-Diabetes. Sie kann häufig zu einer Beschränkung der Behandlung mit blutzuckersenkenden Medikamenten führen und ihre ohnehin kritisch zu beurteilende Anwendung in vielen Fällen sogar unnötig machen."

„In der modernen Diätbehandlung des Erwachsenen-Diabetes steht heute die Beseitigung des Übergewichtes, d. h. die Reduktion der Kalorienaufnahme, an erster Stelle. Auf diese Weise kann die Funktion der Inselzellen am besten entlastet, der diabetische Stoffwechsel stabilisiert und auch eine Vermehrung von Fettsubstanzen im Blut gesenkt werden. Dies ist im Hinblick auf die Verminderung des Risikos für Gefäßkomplikationen wichtig, In vielen Fällen kann auf diese Weise aber auch die Anwendung blutzuckersenkender Medikamente, vor allem von Insulin, begrenzt oder sogar unnötig werden."

Dr. WALB und Frau Ilse WALB

Gleichwertigkeitstabelle

(Tab. 1)

Mit 10 g Weißbrot sind gleichwertig, d. h. anstelle von 10 g Weißbrot darf man essen:

10 g	Semmel, Brötchen, Hörnchen, Milchbrot, Kaffeekuchen, Linsen*), gelbe Erbsen*), weiße Bohnen*), Rosinen, Pflaumen (trocken), Feigen (trocken), Teekuchen (vergleiche Rezepte im Anhang).
12 g	Schrotbrot wie: Weizen- oder Roggenschrotbrot, Schwarzbrot, Graubrot, Feinbrot, Grahambrot, Leinsamenbrot, Bauernpumpernickel (Delikateßpumpernickel kommt nicht in Frage, da meist mit Sirup gesüßt).
15 g	Obstkuchen, Frittenkartoffeln (Pommes-Frites), Diabetiker-Knäckebrot.
20 g	Nußkuchen (vergl. Rezept im Anhang).
7,5 g	Zwieback, Keks, Salzbrezeln, Kakao*), Knäckebrote, z. B. Deutsche Knäcke, Wasa.
7 g	von allen Mehlsorten*), Haferflocken*), Nudeln*), Graupen*), Grünkern*), Quäker Oats*), Puddingpulver*).
6 g	Reis*), Gries*), Sago*), Tapioka*), Schokolade, Zuckerkonfekt, Bienenhonig.
5 g	Zucker.
12,5 g	Marmelade.
30 g	Kartoffeln, auch als Reibekuchen, Bratkartoffeln, Kartoffelsalat, Kartoffelbrei, Weintrauben mit der Rispe gewogen, Banane mit der Schale gewogen, Feigen (frisch), Ananas.
40 g	Kernobst wie Äpfel (süß oder sauer), Birnen; Steinobst wie Kirschen, Pfirsiche, Aprikosen, Pflaumen usw., mit den Steinen gewogen.
50 g	Stachel-, Johannis-, Erd-, Himbeeren, Apfelsinen, mit der Schale gewogen, junge grüne Erbsen, gelbe Rüben oder Möhren, dicke Bohnen, Steckrüben.
60 g	Brombeeren, Heidelbeeren.
100 g	Pampelmusen, Wassermelonen.

*) roh gewogen

1/8 l	Milch, saure Milch, Buttermilch, Magermilch, Export-Bier, Pils-Bier, auch Pilsner Urquell, Lagerbier.
1/4 l	Joghurt, Kefir, obergäriges Bier (z. B. Kölsch), Alt-Bier, Weißbier, fette Sahne (1/8 l Sahne ist, über den Tag verteilt, unberechnet erlaubt).
1/8 l	Flasche Schaumwein.
1/32	Hohes C (Orangensaft).
2	Flaschen Diätpils à 1/3 l.

Hartschalenobst

mit Schale:

45 g Erdnüsse, 80 g Mandeln, 100 g Walnüsse, 160 g Haselnüsse, 300 g Paranüsse,

ohne Schale:

35 g Erdnüsse, 45 g Mandeln, Walnüsse, Kokosnüsse, 80 g Haselnüsse, 150 g Paranüsse.

Achtung: der vielerorts gebrauchte Begriff der Broteinheit entspricht jeweils 20 g Weißbrot (1 BE = 20 g Weißbrot).

Die Mahlzeiten eines Diabetikers bei der üblichen gemischten Diabetikerkost auf 16 BE eingestellt

Dieser Patient spritzte bei Aufnahme in unsere Klinik täglich 32 Einheiten Insulin. Wir beließen seine BE.

Er war bei seiner Aufnahme auf folgende BE eingestellt:

1. Frühstück:
80 g Weißbrot oder Gleichwertiges, s. Tab. 1

2. Frühstück:
40 g Weißbrot oder Gleichwertiges, s. Tab. 1

Mittags:
80 g Weißbrot oder Gleichwertiges, s. Tab. 1

Nachmittags:
40 g Weißbrot oder Gleichwertiges, s. Tab. 1

Abends:
80 g Weißbrot oder Gleichwertiges, s. Tab. 1

Seine Mahlzeiten setzten sich dementsprechend zusammen:

1. Frühstück:
80 g Weißbrot oder
96 g Roggenbrot, Aufschnitt u. Butter

2. Frühstück:
40 g Weißbrot oder
48 g Roggenbrot
160 g Äpfel

Mittags:
Fleisch, Salat und Gemüse
210 g Kartoffeln und
40 g Äpfel oder Birnen oder
50 g Beeren

Nachmittags;
4 Scheiben Knäckebrot
je 7,5 g = 30 g Weißbrot

Abends:
wie morgens

Zur Umrechnung auf Trenn-Kost haben wir eine Gleichwertigkeitstabelle aus der Klinik für Zuckerkranke Dr. KÜLZ, Fachkrankenhaus Bad Neuenahr, zugrundegelegt. Gleichwertiges bedeutet, daß der Diabetiker sich entscheiden kann, ob er:

10 g Weißbrot oder
12 g Roggenbrot oder
7 g Nudeln oder
30 g Kartoffeln oder
40 g Äpfel (gelagerte) essen möchte
(Gelagerte Äpfel enthalten mehr Kohlehydrate).

Bei der Umstellung auf Trenn-Kost erhielt der Patient folgende Mahlzeiten:

1. Frühstück:
80 g Weißbrot, zur Aufwertung des ausgemahlenen Weißbrotes 2 Teel. Weizenkeime, 2 Teel. Weizenkleie
1 Glas zu ⅔ mit Wasser verdünnten Sauerkrautsaft, Rohkost, Radieschen, Tomaten, Rettich oder rohe Gurkenscheiben, Vitam-R und Becel als Aufstrich

2. Frühstück:
Statt 40 g Weißbrot
160 g Äpfel (4 × 40) oder Kefir, s. Tabelle 1
Pampelmusen

Mittags:
Fleisch, Salat und statt
Kartoffeln 100 g Möhren und
240 g Äpfel
(s. Tabelle 1)

Nachmittags:
wie 2. Frühstück oder
120 g Äpfel, s. Tabelle 1 bei Äpfeln
3 × 40 = 120 g Äpfel und dazu Kefir.

Abends:
wie morgens

Mittagessen mit vorwiegend eiweißhaltigen und neutralen Nahrungsmitteln

(Tab. 2)

MISCHE

Konzentrierte Nahrungsmittel	Neutrale Nahrungsmittel
1. Überwiegend Eiweiß Fleisch, auch Wild, frische Fische, Milch aller Art, Käse (bis 55 % Fett i. T.) Eier, Sojamehl	**1. Gemüse** Blattsalat, Karotten, rote Rüben, Teltower Rüben, Zwiebeln, Lauch, Blumenkohl, Spargel, Bohnen, Erbsen (grün), Mangold, Spinat, Rettich, Radieschen, Sellerie, Kohlrabi, Wirsing, Rotkohl, Weißkraut, Sauerkraut, Kürbis, Gurken, Rosenkohl, rohe Tomaten, Pilze, Paprikaschoten, Fenchel, Chicorée
2. Saures Obst Kernobst, Steinobst, Beerenobst, Korinthen, Zitrusfrüchte, Granatäpfel, Ananas, *gekochte* Tomaten, Melonen (ohne Zuspeise), Heidelbeeren (ohne Zucker), Rosinen, Agar-Agar, Gelatine, Nüsse	**2. Fette** Pflanzliche Öle und Fette, tierische Fette, Butter, Rahm, Quark, fetter Speck, Doppelrahmkäse (ab 60 % Fett i. T.), Eigelb, reife Oliven **3. Andere Nahrungsmittel** Heidelbeeren ohne Zucker, Rosinen, Agar-Agar, Gelatine, Nüsse außer Erdnüsse u. Kastanien **4. Gewürze** Wild- u. Gartenkräuter, (Basilikum statt Pfeffer), Kräuter und Selleriesalz, Meersalz, Knoblauch, Paprika, Muskat, Curry
Nicht empfohlen Rohes Eiweiß von Eiern, Rhabarber, Preiselbeeren, Eingemachtes, Erdnüsse, Kastanien	**Nicht empfohlen** Getrocknete Hülsenfrüchte, käufl. Mayonnaisen, Suppen, Saucen, schwarzer Tee, Kaffee, Kakao, Ingwer, Meerrettich, Pfeffer, Senf, Eingemachtes, Essigessenz

Man sollte zu einer Mahlzeit nur eine Eiweißart verwenden

Rohes Fleisch und roher Fisch/Lachs wurden physikalisch gemessen und sind neutral. Tartar ist wegen der Toxoplasmose nicht ratsam. Man sollte Allgäuer-Fleisch, rohen Schinken, Blutwurst und Cervelatwurst vorwiegend aus Rindfleisch vorziehen, Schweinefleisch ist als Ausnahme zu verwenden.

Beispiele für Mahlzeiten zu Tabelle 2

1. Beispiel: Tatarbeefsteak
(Fleisch von der linken Seite der Tabelle) aus geschabtem Rindfleisch, Zwiebeln, Basilikum, 1 Eigelb, zerkleinerten Tomaten und gewogenen Kräutern. Dazu Bohnengemüse (von der rechten Seite der Tabelle) oder fein gehacktes rohes Sauerkraut, mit etwas Öl und Zwiebeln in der Pfanne angewärmt, und grünen Salat (rechte Seite der Tabelle). Als Nachtisch: 1 Apfel oder Apfelsine.

2. Beispiel: Fischauflauf
Fischfilet, mit Meersalz und Zitronensaft gewürzt, legt man in eine mit Butter ausgestrichene Jenaer-Glasform, abwechselnd mit Tomatenscheiben und kleingeschnittenen, vorgedämpften, beliebigen Gemüsen belegt, gibt Butterflöckchen darauf und läßt das Gericht im eigenen Saft etwa 20 Minuten dünsten.

3. Beispiel: Gemüsesuppe
ohne Mehl oder Kartoffel-Einlage, 2 gebackene Spiegel- oder Rühreier, Spinat, Rohkost oder grüner Salat oder Endivien oder Feldsalat. Nachtisch: Quarkspeise mit Sauerkirschen.
Die Hauptsache ist, daß die Rohkost oder die grünen Salate den Hauptplatz in der Mahlzeit einehmen.

Abendmahlzeiten mit vorwiegend kohlehydrathaltigen und neutralen Nahrungsmitteln

(Tab. 3)

MISCHE

Konzentrierte Nahrungsmittel	Neutrale Nahrungsmittel
Vorwiegend Kohlehydrate (Stärke, Zucker)	**1. Gemüse** Blattsalate, Karotten, rote Rüben, Teltower Rüben, Zwiebeln, Lauch, Blumenkohl, Spargel, Bohnen, Erbsen (grün), Mangold, Spinat, Rettich, Radieschen, Sellerie, Kohlrabi, Wirsing, Rotkohl, Weißkraut, Sauerkraut, Kürbis, Gurken, Rosenkohl, rohe Tomaten, Paprikaschoten, Fenchel, Pilze, Chicorrée
1. überwiegend Stärke Vollkorngetreide, Vollkornmehl, Vollkornbrot, Vollkornnudeln, Naturreis, Bananen, Kartoffeln, Tapinambur, Grünkohl, Schwarzwurzeln	**2. Fette** Pflanzliche Öle und Fette, tierische Fette, fetter Speck, Butter, Rahm, Quark, Doppelrahmkäse ab 60 % Fett i. T., Eigelb, reife Oliven
2. überwiegend Zucker Bienenhonig, Datteln, Feigen, unraffinierter Zucker, Rübensirup	**3. Andere Nahrungsmittel** Heidelbeeren (ohne Zucker), Rosinen, Agar-Agar, Gelatine, Nüsse außer Erdnüsse, Kastanien
	4. Gewürze Wild- u. Gartenkräuter, Basilikum (statt Pfeffer), Kräuter- u. Selleriesalz, Meersalz, Knoblauch, Paprika, Muskat, Curry
Nicht empfohlen Weißbrot, Weißmehl, Weißmehlnudeln, polierter Reis, Sago, Tapioka, getrocknete Hülsenfrüchte, Erdnüsse, Kastanien, weißer Zucker, Süßigkeiten aus weißem Zucker, Gelees, Eingemachtes, Marmelade	**Nicht empfohlen** Getrocknete Hülsenfrüchte, käufliche Mayonnaisen, Suppen, Saucen, schwarzer Tee, Kaffee, Kakao, Ingwer, Meerrettich, Pfeffer, Senf, Eingemachtes, Essigessenz

Man sollte nur eine Kohlehydratart zu einer Mahlzeit verwenden.

Einige Kostbeispiele für Kohlehydratmahlzeiten zu Tabelle 3

1. **Pellkartoffeln mit Quark** oder getrocknetes Allgäuer-Fleisch (Tatar ist wegen der Toxoplasmosegefahr nicht empfehlenswert).
   Dazu Rohkost und grünen Salat.
   Schweinefleisch sollte man nur in Ausnahmefällen essen.

2. **Eine Hafersuppe** (1 Eßlöffel auf 1 Teller Wasser).
   Vollkornbrot, dazu über 50%igen Käse oder Quark oder evtl. Cervelatwurst oder Blutwurst (kann als neutral gelten) und Radieschen, Gurken, Tomaten oder grünen Salat.

3. **Reisauflauf** aus Vollkornreis mit Eigelb, Bananen und Rosinen, Rohkost oder Rohsalate.

4. **Quarkklöße** aus 1 Pfund Quark, 2 Eiern, 1 Eßlöffel Weckmehl, 1 Eßlöffel Grieß, Fruchtzucker mit Zimt, dazu Heidelbeeren, Rohkost als Vorspeise.

5. Rohkost als Vorspeise, Grünkernsuppe mit gerösteten Brotwürfeln.
   Dampfnudeln: 400 g Weizenschrot, 125 g Butter, 110 g Zucker, 3 Eigelb, 30 g Hefe, 1/8 Liter Wasser mit Sahne und je 1 Eßlöffel Weizenkeime und Kleie.

   a) Aus dem wie üblich bereiteten Teig, den man fingerdick ausrollt, sticht man runde Stückchen, die man mit Eigelb bestreicht und nach dem Gehen backt.

   b) Man läßt in einem eisernen Topf ein Glas Wasser mit etwas Butter und Salz kochen, setzt die wie oben vorbereiteten Dampfnudeln hinein und läßt sie auf sehr schwachem Feuer etwa 20 Minuten backen, bis sie gar sind.

6. Rohkostsalate als Vorspeise.
   Zwiebelpastete: 200 g Roggenmehl, 100 g Weizenmehl, 150 g Butter, 2 Eigelb, Salz, 1/2 Tasse Wasser, feingeschnittene Zwiebeln und Pilze zur Füllung.

⅔ des Teiges gibt man in eine gefettete Auflaufform, belgt ihn mit den Pilzen, die man in Zwiebeln gedünstet und mit Eigelb und Rahm vermischt hat. Nun gibt man den Rest des Teiges als Deckel darauf und backt die Pastete im Backofen. Man kann die Pastete statt mit Pilzen auch mit Sauerkraut füllen.

7. **Gemüsesuppe**
   Kartoffelklöße und roher Sauerkrautsalat.

Die im vorangegangenen Hauptteil des Buches „Die Haysche Trenn-Kost" enthaltenen Trenn-Kost-Rezepte lassen sich ebenfalls alle auch für Diabetiker verwenden — unter Berücksichtigung der Prinzipien — (nur die erlaubten Kohlehydrate und kein Zucker).

Auch innerhalb der Rezepte sind Abänderungen entsprechend der Krankheit möglich.

Die Einhaltung der Trennung, die ein Zuviel an konzentrierter Nahrung durch den basenüberschüssigen Anteil an Nahrungsmitteln ausschließt, sättigt und ist qualitativ und quantitativ ausreichend. Am folgenden Tellerbeispiel kann man die unterschiedlichen Mengen am besten erkennen, die man mit je einer Eiweiß- oder einer Kohlehydrat-Mahlzeit zu sich nimmt.

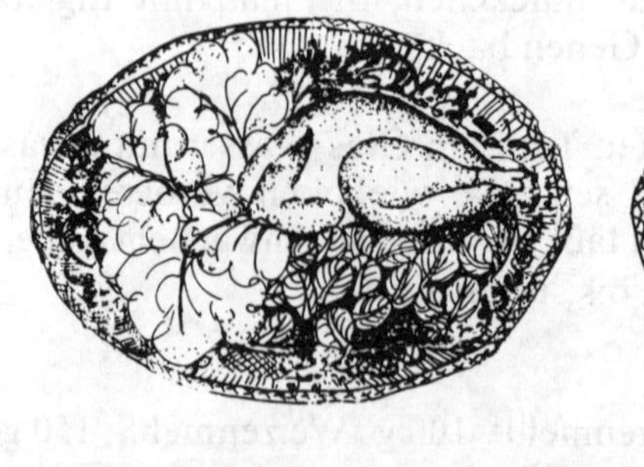

Eiweiß-Mahlzeit:
Fleisch, Gemüse, Obst u. Salat

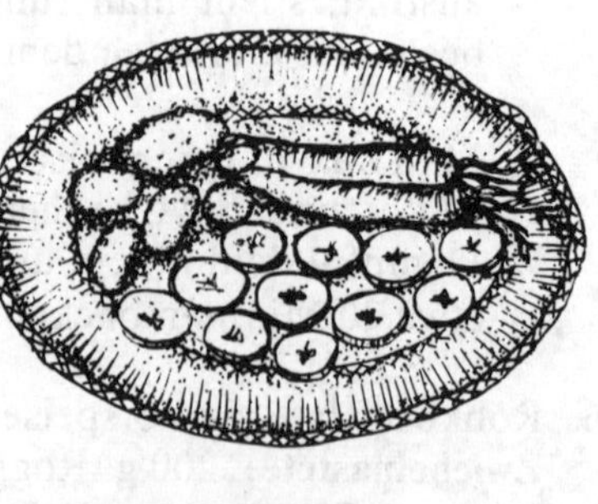

Kohlehydrat-Mahlzeit:
Kartoffeln, Rohkost u. Salat

Abschließend der Bericht eines Patienten an unsere Klinik von dem Leiter eines Instituts für Methodik, Leistung und Erfolg. Er schreibt folgendes: „Durch einen Freund wurde ich auf Ihr Werk ‚Die Haysche Trenn-Kost' hingewiesen. Die ersten Monate Erfahrung habe ich hinter mir, und ich bin begeistert. Die Müdigkeit nach dem Essen kenne ich nicht mehr. Meine ganze Schaffenskraft, meine Vitalität, geistige und körperliche Gewandtheit wurden erheblich verbessert. Eine Reihe von Störungen in der Verdauung sind ganz wesentlich besser. Und das schon nach kurzer Zeit. Früher habe ich immer versucht, mein Körpergewicht durch Hungern zu halten, und das hat mir die Stimmung ganz erheblich beeinträchtigt und damit auch die Belastbarkeit, die in meinem Beruf von größter Bedeutung ist.

Heute esse ich mich immer reichlich satt und halte mein Gewicht dabei und nehme sogar etwas ab.

Es dürfen wohl keine 20 Exemplare Ihres Trenn-Kost-Buches reichen, die ich mittlerweile mit bestem Erfolg im Freundeskreis weiterempfohlen habe.

Mit dankbarerEmpfehlung
Sekretariat des Instituts J."

Ähnliche Schreiben gehören zu unserer täglichen Post und veranlaßten uns auch zu dem Anhang für Diabetiker, die sich genauso wie andere Kranke durch Trenn-Kost wohler fühlen könnten.

Sonderdrucke von Vorträgen auf Kongressen über Trenn-Kost und Elektroneuraltherapie können Ärzten und Interessenten jederzeit übersandt werden.

Sie sind kostenlos anzufordern bei folgender Anschrift:

Klinik Dr. WALB
Am Hohen Berg

6313 Homberg/Ohm, Tel. (0 66 33) 8 16, 8 17 oder 8 18
Privat: Am Hohen Tor 12, Tel. (0 66 33) 76 68

Literatur

zu dem Auszug aus dem Vortrag: „Die Haysche Trenn-Kost“

BERGHOFF: Bericht über den 4. Weltkongreß für prophylaktische Medizin und Sozialhygiene.
Zeitschrift für ärztliche Fortbildung, 51. Jahrgang, Heft 1, 1962.

GANTER, G.: Darmentzündungen und Darmgeschwüre (Neue dtsch. Klin. 8: 458).

GUTTENTAG, O. E.: Nierenerkrankungen. Nephrosen (Neue dtsch. Klin. 8: 141 u. 142).

HAUSWIRTH und KRACMAR: Über die bioelektrische Natur der Nahrung.
Erfahrungsheilkunde, Band 6, Heft 15, 1958. Karl F. Haug Verlag, Ulm.

HAY, W. H., M. D.: A New Health Era. Pocono Haven. Pa. (Textproben übersetzt von Ilse WALB).

HOLTMEIR, H. J.: Diät bei Übergewicht und gesunde Ernährung.
Georg Thieme Verlag, Stuttgart 1964.

KNAPP, A.: Ein Querschnitt durch die neueste Medizin, dargestellt von ihren Schöpfern (Dtsch. Ärztebl. 69, 51).

Lehrbuch der speziellen pathologischen Physiologie für Studierende und Ärzte. Jena. Verlag Gustav Fischer. Schriftleitung: L. HEILMEYER.

LUTZ, O.: Einfluß der Nahrung auf die Harnacidität (Z. exper. Med. 4/6).

MENZEL: Therapie unter dem Gesichtspunkt biologischer Rhythmen.
Ergebnisse der physikaldiätetischen Therapie, Band 5, 1955.
Verlag von Th. Steinkopf, Dresden und Leipzig.

MÜLLER-WIELAND: Tuberkulose und Ernährung.
Deutsches medizinisches Journal, 12, 1961.

Medical-Tribune: Stoffwechselfaktoren hemmen antibakterielle Aktivität der Lunge. Nr. 4, 1967.

REDEL: Cesra Baden-Baden, Heft 3/4, 7. Jahrgang 1960.

REINSTEIN: Der kranke Darm. Sanitas-Verlag, Bad-Wörishofen.

REITZ, A.: Nahrungsmittel. Alemannen-Verlag, Stuttgart.

STRAUB, H.: Acidose (Neue dtsch. Klin. 1: 125 u. 127).

VEIL, W. H.: Herzmuskel- und Herznervenkrankheiten (Neue dtsch. Klin. 5: 19/20).
Ärzteblatt für Hessen-Nassau u. Kurhessen 8, 20: 268.

WALB, L.: Rheumaprobleme des Praktikers einst und jetzt (Erfahrungsheilkunde 1956: 457).

WALB: Revolutionäre Erkenntnisse in der Gesundheitsführung
Münchner Medizinische Wochenschrift, 51, 1940.

WALB: Bedeutung der Elektroneural-Medizin für den Landarzt.
Erfahrungsheilkunde 1956, Heft 6.

WALB: Rheumaprobleme des Praktikers einst und jetzt.
Erfahrungsheilkunde Band 5, Heft 10, 1956.

WALB: Verhinderung der chemischen Gleichgewichtsstörung.
Medizin heute, 8. Jahrgang, Heft 1, 1959.

WALB: Prophylaxe allergischer Krankheiten.
Medizin heute, Heft 11, 1961.
WALB: Nierenerkrankungen und ihre Prophylaxe.
Vitalstoffe und Zivilisationskrankheiten, Heft 4, Band 8, 1963.
WALB: Die Haysche Trenn-Kost, 16. Auflage.
Karl F. Haug Verlag, Heidelberg 1966.
WALB: Über den Einfluß sinnvoller Ernährung.
Erfahrungsheilkunde, Heft 9, 1964.
WALB: Die Haysche Trenn-Kost.
Physikalische Medizin und Rehabilitation, 8. Jahrg., Heft 6, Juni 1967.
WALB: Über die Wirkung der Trenn-Kost, besonders bei Nierenkrankheiten.
Zeitschrift „DIAITA" Nr. 6, Dezember 1967.
WALB: Die Elektroneuraldiagnostik und -therapie nach CROON und die Bedeutung objektiv gemessener Daten für gestörte Körperfunktionen.
Physikalische Medizin und Rehabilitation, 9. Jahrg., Heft 7, Juli 1968.
WALB: Über die Wirkung der Trenn-Kost bei Diabetes.
Physikalische Medizin und Rehabilitation, 10. Jahrg., Heft 10, Oktober 1969.
WALB: Messung des Zeitverhaltens des elektrischen Widerstandes und der Kapazität von Haut- und Reaktionsstellen im Tierversuch.
Physikalische Medizin und Rehabilitation, 11. Jahrg., Heft 1, Januar 1970.
WALB: Die Elektroneuraldiagnostik und -therapie nach CROON.
Physikalische Medizin und Rehabilitation, 14. Jahrg., Heft 9, September 1973.
WALB: Elektro-Diagnostik in der Praxis.
Erfahrungsheilkunde, Band 24, Heft 4, April 1975.
WALB: Diät in der Herztherapie.
Physikalische Medizin und Rehabilitation, 17. Jahrg., Heft 8, August 1976.
WALB: Kurzreferat über das Croonsche Verfahren.
Physikalische Medizin und Rehabilitation, 18. Jahrg., Heft 6, Februar 1977.
WALB: Diskussionsbeitrag zum Thema: Viele Diätkonzepte — woran soll sich der Arzt in der Praxis halten?
Physikalische Medizin und Rehabilitation, 18. Jahrg., Heft 8, August 1977.
WALB: Entschlackung mit Trenn-Kost — 20jährige Erfahrung.
Physikalische Medizin und Rehabilitation, 21. Jahrg., Heft 6, Juni 1980

Neuere Sonderdrucke über Trenn-Kost und Elektroneuraltherapie nach CROON von Dr. WALB werden Ihnen auf Wunsch kostenlos zugesandt.

Anschrift des Verfassers:

Dr. H. L. Walb, 6313 Homberg/Oberhessen, Am Hohen Tor 12
Klinik Dr. Walb, Am Hohen Berg, Tel. (0 66 33) 8 16/8 17/8 18
Privat: Am Hohen Tor 12, Tel. (0 66 33) 76 68

Anhang

I. Eiweißmahlzeiten

1. **Landstreicher Gemüsetopf** (für 4 Personen)

   4 mittelgroße Zwiebeln, 2 Paprika (wenn möglich eine grüne und eine gelbe), 4 mittelgroße Tomaten, 1 mittelgroße Aubergine, 4 Eier, 5 g Petersilie, 1 Prise Muskatnuß, 1 Prise Paprika süß, 1 Eierbecher mit Becel-Öl, Salz und schwarzer Pfeffer:
   Zwiebeln schälen und in dünne Ringe (Scheiben) schneiden. Paprika in dünne Streifen schneiden. Aubergine und Tomaten dünn schneiden. Zwiebeln mit Becel-Öl anbraten, (am besten in backfester Glasschale mit Deckel). Dann schichtweise, erst Paprika dann Aubergine, dann Tomaten aufeinanderlegen mit 5 Min. Schmorzeit zwischen jeder Schicht. Danach die 4 separat geschlagenen Eier (Eiweiß erst schlagen und Eigelb dazugeben) mit Salz und Pfeffer gewürzt darüber gießen und im vorgeheizten Ofen bei 300 Grad für etwa 10 Min. backen, bis das Ei fest gebacken ist. Vor dem Servieren mit süßem Paprika überstreuen und mit gehackter Petersilie garnieren.

2. **Gratinierte Fenchel** (für 4 Personen)

   600 g Fenchel, 150 g geriebener Parmesankäse, 1 Prise Paprika süß, Meeressalz, 20 g Butter:
   Fenchel gut waschen, dann in viertel Stücke längs teilen und in gesalzenem Wasser für etwa 20 Min. aufkochen lassen. Aus dem Wasser nehmen und in einer flachen Backschale verteilen. Parmesankäse darüber streuen, und darauf wiederum etwas süßes Paprikapulver streuen. Bei 300 Grad für etwa 10 Min. backen, bis der Käse goldbraun wird (Vor dem Backen Backschale mit Butter einreiben.).

3. **Malfati** (für 6 Personen)

   500 g Ricotta (oder frischen Hüttenkäse), 1 000 g frischer Blattspinat, 1 Prise Muskatnuß, 50 g Petersilie, 50 g Basilicum am besten frisch, aber auch trocken:
   Mit dem Minimum an gesalzenem Wasser den Spinat für etwa 10 Min. aufkochen. Danach den Spinat aus dem Wasser nehmen und mit beiden Händen soweit wie möglich die Wasserreste auspressen. Spinat mit dem Käse vermischen und gehackte

Petersilie und Basilicum dazugeben und mit Muskatnuß, Salz und Pfeffer würzen. Die Mischung dann mit der Hand in kleine frikadellenähnliche Bällchen formen und in Dampf für 5 – 10 Min. aufwärmen. Mit gemischtem Salat servieren.

4. **Gebratener Spinat** (für 4 Personen)

   1 000 g frische Spinatblätter, 6 Eier, 2 Knoblauchzehen, 1 Prise Muskatnuß, 2 Dessertlöffel Becel-Öl:
   Spinat waschen und in gesalzenem Wasser aufkochen (oder gleich im Römertopf). Danach gut sieben und Wasserreste mit den Händen auspressen. Eier schlagen, Muskatnuß und Knoblauch dazugeben und das ganze im Römertopf mit dem Spinat vermischen, danach braten ohne Deckel bis das Ei gestockt ist.

5. **Gebackener Broccoli** (grüner Blumenkohl) für 3 Personen

   600 g Broccoli, 4 frische Tomaten, 2 Knoblauchzehen, 100 g Parmesankäse, 2 Dessertlöffel Becel-Öl, Salz:
   Broccoli dünsten. Mit den Knoblauchzehen fein gehackt überstreuen und die Tomatenscheiben darüber verteilen. Danach das ganze mit Parmesan überstreuen und bei 300 Grad für etwa 20 Min. backen.

6. **Stangenbohnensalat** (für 4 Personen)

   500 g frische Stangenbohnen, 2 frische Tomaten, 1 Knoblauchzehe, 1 mittelgroße Zwiebel, 1 Stck. Paprika, 100 g Kapern, 6 schwarze Oliven, 100 g Gurken, 1 Dessertlöffel Becel-Öl, 1 Prise Oregano, 1 Prise Petersilie, 1 Dessertlöffel Apfelessig, Frugola:
   Bohnen waschen und z. B. im Römertopf dünsten: Tomaten in Viertel schneiden, Zwiebeln und Knoblauch sehr fein mit Paprika, Gurke, Petersilie und Kapern schneiden. Alles zusammen mit Becel-Öl und Obstessig, Frugola und Oregano mischen. Mit etwas fein gehackter Petersilie bestreuen und anschließend servieren.

7. **Gebratener Blumenkohl** (für 4 Personen)

   1 000 g Blumenkohl, 2 Eier, 3 Dessertlöffel Becel-Öl, 1 Prise Muskatnuß, 1 Prise Paprika süß, nach Wunsch fein gehackte Petersilie, Frugola:
   Blumenkohl waschen und ganz in Salzwasser aufkochen, so daß er noch fest am Stück bleibt (10 Min.). Danach abtropfen

lassen und in kleine mundgroße Stücke auseinanderschneiden. Römertopf oder Auflaufform mit Becel-Öl gut anheizen und Blumenkohl hinein verteilen. Danach mit den geschlagenen Eiern, Petersilie, Muskatnuß und Paprika übergießen. Das alles im offenen Topf gut mischen und überbacken, bis es eine goldbraune Farbe hat.

8. **Zucchini Trifolate** (Courgettenauflauf) (für 4 Personen)

   600 g Courgetten, 2 weiche Fleischtomaten, 2 Dessertlöffel Becel-Öl, 3 Knoblauchzehen, 1 Lorbeerblatt, 1 Prise Oregano, ½ Tasse Wasser, Meeressalz und Pfeffer:
   Knoblauch fein hacken und leicht mit Becel-Öl anbraten. Zucchini in Scheiben schneiden und mit den, mit der Hand ausgequetschten Tomaten in der Pfanne dünsten, zu dem Knoblauch geben, schmoren lassen und für wenige Minuten mit dem Lorbeerblatt dünsten. Danach mit Salz würzen, Pfeffer, Oregano und Wasser hinzugeben. Das Ganze zudecken und ca. 10 Min. schmoren lassen.

9. **Gefüllte Paprika** (für 4 Personen)

   4 große Paprika, 200 g Rindfleisch gehackt, 2 Äpfel, 1 Eigelb, 3 Dessertlöffel Becel-Öl, Frugola, 1 Knoblauchzehe, Petersilie nach Wunsch, 1 Zwiebel:
   Paprikakopf abschneiden und das innere Stück von Samen entfernen. Äpfel, Knoblauch und Zwiebeln sehr fein schneiden, Petersilie hacken und mit Eigelb und gehacktem Rindfleisch vermischen, dann mit Frugola würzen. Mischung dann in die Paprikastücke verteilen und in den Römertopf oder Auflaufform mit Becel-Öl legen und bei 300 Grad für 20 – 25 Min. backen.

II. Kohlehydratmahlzeiten

1. **Risotto mit Champignons** (für 6 Personen)

   300 g Langkornreis, 200 g Champignons, 2 Knoblauchzehen, 1 mittelgroße Zwiebel, 1 Lorbeerblatt, 30 g Petersilie, 20 g Basilicum, 1 Teel. Paprika süß, 1 Glas Sherry, 2 Dessertlöffel Becel-Öl, Frugola:

Champignons, Zwiebeln und Knoblauch fein schneiden und in Becel-Öl für ca. 5 Min. anbraten. Dazu den Sherry geben und mit gehackter Petersilie, Basilicum, Lorbeerblatt, Paprika süß, Frugola würzen. Während dieses für etwa 20 – 25 Min. schmort, Reis aufkochen in gesalzenem Wasser, Reis portionieren und die zuerst vorbereitete Champignon/Gewürzmischung oben auf dem Reis geschmackvoll verteilen, servieren mit geriebenem Parmesankäse. Im Römertopf läßt sich beides zusammen dämpfen.

2. **Risotto mit Auberginen** (für 4 Personen)

   400 g Langkornreis, 2 mittelgroße Auberginen, 2 Knoblauchzehen, 1 mittelgroße Zwiebel, 20 g Basilicum, 10 g Petersilie, 1 Teel. Curry, ½ Teel. Paprika süß, 3 Dessertlöffel Becel-Öl, 1 Tasse Wasser, Frugola:
   Zwiebeln und Knoblauch fein schneiden und goldbraun anbraten. Aubergine in Scheiben schneiden und zu den Zwiebeln und Knoblauch geben, mit Petersilie, Basilicum, Curry, Paprika, Wasser und Frugola. Bei mittlerer Hitze für 20 Min. schmoren lassen. Reis aufkochen in gesalzenem Wasser, sieben, portionieren, servieren, garnieren mit etwas gehackter Petersilie und den vorbereiteten Auberginen. Im Römertopf läßt sich beides zusammen dünsten.

3. **Gebackene Kartoffeln** (für 3 Personen)

   600 g Kartoffeln, 200 g Béchamel, 1 Prise Muskatnuß, 1 Prise Basilicum, 50 g Butter, Frugola:
   Kartoffeln in dünne Scheiben schneiden und mit Béchamel zusammen mischen. Basilicum, Muskatnuß, Frugola darüber streuen und im Ofen bei 250 bis 300 Grad für 30 Min. backen. Vor dem Servieren Butter in Scheiben schneiden, darüber verteilen und mit gemischtem Salat servieren.

4. **Gebackener Kürbis** (für 3 – 4 Personen)

   1 000 g grüner oder gelber Kürbis, 2 Dessertlöffel Becel-Öl, 30 g Butter, Frugola:
   Kürbis schälen und Samenkörner entfernen (von der Mitte), und in etwa 1 cm dicke Scheiben schneiden. Diese in eine flache Backschale legen und das Becel-Öl darüber streichen, mit

Frugola würzen. Bei 300 Grad 25 Min. backen und vor dem Servieren Butterflöckchen darauflegen.

5. **Artischocken gedämpft** (für 4 Personen)

6 mittelgroße Artischocken, 3 Karotten, 2 Zehen Knoblauch, 2 Stck. Nelken, 1 mittelgroße Zwiebel, etwas Paprika, eine Prise Petersilie, 1 Teetasse Wasser, 2 Dessertlöffel Becel-Öl, Frugola:
Bei den Artischocken die harten Außenblätter entfernen und die Blätterspitzen abschneiden und stückweise in Viertel schneiden. Zwiebel, Knoblauch und Karotten fein schneiden. In den Römertopf geben und dazu roten Paprika, Nelken und, die in Viertel geteilten Artischockenstücke mit Frugola und Petersilie dazugeben. Das Ganze zudecken und bei mittlerer Hitze 20 – 25 Min. schmoren lassen.

6. **Pasta mit Artischocken** (für 4 Personen)

4 Artischocken, 1 Lorbeerblatt, 1 Zwiebel, 3 Knoblauchzehen, 2 Dessertlöffel Becel-Öl, 10 g Petersilie, 5 schwarze Oliven, Meeressalz und Pfeffer, 1 Teetasse voll Wasser, 400 g Spaghetti, Tagliatelli usw.:
Artischocken schälen und die harten Spitzen herausschneiden und in Viertel schneiden. Knoblauch und Zwiebeln fein hacken und mit den Artischocken und Becel-Öl in den Römertopf geben. Danach Gewürze dazugeben, und mit den Oliven und Wasser alles etwa 20 Min. schmoren lassen. Spaghetti aufkochen lassen und sieben. Servieren mit den Artischocken, Sauce darauf mit etwas geriebenem Parmesankäse verteilen.

7. **Gespickte Auberginen mit Backzwiebeln** (für 4 Personen)

4 mittelgroße Auberginen, 4 mittelgroße Zwiebeln, 8 Knoblauchzehen, 2 Dessertlöffel Becel-Öl, Frugola:
Auberginen waschen, abtrocknen und Kopf abschneiden. Dann 4 gleiche, um die Aubergine verteilte Schlitze einschneiden, etwa 3 cm lang, und in diese Schlitze eine halbe Knoblauchzehe legen. Auberginen dann mit den 4 geschälten Zwiebeln in den Römertopf legen und den Römertopf oder die Auflaufform mit Becel-Öl bestreichen und mit Frugola würzen. Den Deckel auf den Römertopf, und bei 300 Grad für etwa eine halbe Stunde backen.